# 地理的な見方・考え」

# を働かせた地理授業デザイン



吉水裕也 著

明治図書

# まえがき

地理は、場所と、その場所における人と自然の特徴を形成する様々な相互作用の研究と言ってもよいでしょう。そのため、地理的に見たり考えたりすることは、いわゆる文理の枠を超えることになります。

「地理的な見方・考え方」は、「地理的な見方や考え方」とは異なる出自と言ってもよいでしょう。「地理的な見方・考え方」という用語は、平成二九・三〇年告示の学習指導要領に向けて議論された中教審以降用いられた言葉です。『中学校学習指導要領（平成二九年告示）解説社会編』（文部科学省、二〇一七）によると、地理的分野の目標に「社会的事象の地理的な見方・考え方を働かせ、課題を追究したり解決したりする活動を通して、広い視野に立ち、グローバル化する国際社会に主体的に生きる平和で民主的な国家及び社会の形成者に必要な公民としての資質・能力の基礎を次のとおり育成することを目指す」とあるように、目標を達成するための方法概念と位置付けられています。同書では、「地理的な見方・考え方」を、「位置や空間的な広がりに着目して捉え、地域の環境条件や地域間の結び付きなどの地域という枠組みの中で、人間の営みと関連付けること」と定義されています。

一方、『中学校学習指導要領解説社会編　平成二〇年七月』（文部科学省、二〇〇八）では、「地理的な見方や考え方」が、「（1）日本や世界の地理的事象に対する関心を高め、広い視野に立って我が国の国土及び世界の諸地域の地域的特色を考察し理解させ、地理的な見方や考え方の基礎を培い、我が国の国土及び世界の諸地域に関する地理的認識を養う」と目標の一つめに記されています。同書では、「地理的な見方や考え方」を学習の過程を考慮して「地理的な見方とは、日本や世界に見られる諸事象を位置や空間的な広がりとのかかわりで地理的事象として見いだすことであり、地理的な考え方とは、それらの事象を地域という枠組みの中で考察する」ことだと整理しています。

このように、「見方・考え方」は、大きく言うと「地理的な見方や考え方の基礎を培い」という目標概念から、「地理的な見方・考え方を働かせ」のように方法概念へと変化しました。

「地理的な見方や考え方」は、『地理教育国際憲章』（ＩＧＵ-ＣＧＩ、一九九二）に登場する五つの概念を参照しており、その後、「地理的な見方・考え方」になっても、位置や分布、場所、人間と自然環境との相互依存関係、空間的相互依存作用、地域が例示されています。

しかし、近年の地理学研究や地理教育学研究の成果を見ると、見方・考え方を構成する概念自体も変化しています。例えば、文化地理学では、場所や地域という類似した概念の混乱を回避するためにも、地域を空間という概念としてとらえ直した方がよいという議論（森、二〇二一）など、様々な主張があります。海外に目を向けると、シンガポールの中等教育資格認定試験Oレベルシラバス二〇二二の場合、空間、場所、スケール、自然的及び人文的作用、環境と文化の多様性、相互作用という六つの概念が地理の学習を支えるものであるとしています（SEAB、二〇二二）。また、イングランドの場合は、ナショナルカリキュラム地理のキーステージ3では、位置に関する知識、場所に関する知識、人文及び自然地理、地理的技能とフィールドワークが教授されるべき内容で、場所、空間、スケールの三つが重要な概念だと示されています（DfE、二〇一三）。

地理的に見たり考えたりするためのレンズの役割を果たす様々な概念があるわけですが、それらを本書では、学習指導要領で例示されている五つの地理的な見方・考え方の例を参考にして設定し、それぞれにいくつかのトピックを紹介しています。

本書は、小学校から高等学校までの教員、特に社会科や地理歴史科の地理を専門とする方、さらには専門としないが社会科や地理を教える状況にある方たちに向けて書かれていると言ってもよいと思っています。そのため、できるだけ学術的な表現を避けているつもりです。通勤電車の中などで、気軽に読んでいただき、地理授業デザインのヒントを得ていただければと思います。

【引用文献】

森正人（二〇二一）『文化地理学講義―〈地理〉の誕生からポスト人間中心主義へ』新曜社

文部科学省（二〇〇八）『中学校学習指導要領解説社会編　平成二〇年七月』東洋館出版

文部科学省（二〇一七）『中学校学習指導要領（平成二九年告示）解説社会編』東洋館出版

Department for Education (2013) National curriculum in England: geography programmes of study: Key stage 3

International Geographical Union Commission Geographical Education (1992) *International Charter on Geographical Education.*

Singapore Examinations and Assessment Board (2022) Singapore-Cambridge General Certificate of Education Ordinary Level (2022) Geography (Syllabus 2236)

# Contents

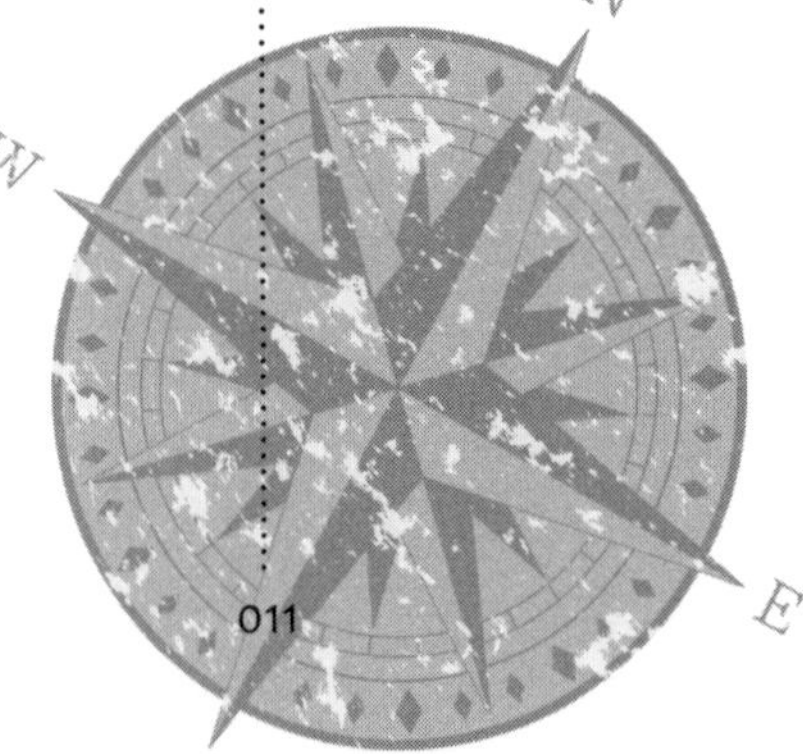

Contents

## 第5章 空間的相互依存作用を中心に

Contents

# 第1章

# 地理的な見方・考え方

1

# 地理的な見方・考え方とは

見方・考え方とはどのようなものでしょうか。地理学者は、社会で起こっている事象を、地理のレンズを通して見ています。地理のレンズとは？

## 地理的な見方・考え方とは

『中学校学習指導要領解説社会編（平成二九年告示）』（文部科学省、二〇一七）によると、社会的事象の地理的な見方・考え方については、「社会的事象を、位置や空間的な広がりに着目して捉え、地域の環境条件や地域間の結び付きなどの地域という枠組みの中で、人間の営みと関連付けること」とし、考察、構想する際の「視点や方法（考え方）」として整理した、とされています。平成二〇年告示でも、「地理的な見方」の基本と、「地理的な考え方」の基本として各々を独立させて解説しており、この趣旨を引き継ぐとしています。

## 地理的な見方

『解説』では、『地理教育国際憲章』（ＩＧＵ-ＣＧＥ、一九九二）で地理学研究の中心的概念として示された、位置や分布、場所、人間と自然環境との相互依存関係、空間的相互依存作用、地域の五つを、社会に見られる課題を「地理的な課題」として考察する際の視点であるとしています。つまり地理的な見方は、おおよそ視点として整理されています。

## 地理的な考え方

一方で、考え方は、思考のための方法で、比較、関連付け、分類、総合などが考えられます。地理の場合、人間と自然環境との相互依存関係や空間的相互依存作用のような視点とも方法ともとらえられるものがあるため、見方・考え方は独立しているのか、切り分けられないのかがわかりにくいです。

因みに、歴史的な見方・考え方の視点としては、時系列（時期、年代など）、推移（展開、変化、継続など）、比較（類似、差異、特色など）、事象相互のつながり（背景、原因、結果、影響など）があり、地理よりも方法の側面が強く、公民では、基礎となる枠組と、大項目に対応した「見方・考え方」が示されており、内容に応じた視点も示そうとしています。このように、見方と考え方はほぼ切り分けられるものの完全とは言えないようです。

## 「見方・考え方」は変わらない？

　社会科地理的分野や地歴科の地理系科目が、社会科教育学及び地理学を主な背景学問とするのなら、これらの学問の構造の変化は、見方・考え方に反映されるべきでしょう。二〇一六年の『地理教育国際憲章』（IGU‐CGE、二〇一六）では、位置や地域が地理学の基盤となる視点であることや、自然環境と人文環境の関係、多様性の理解、ローカルとグローバルの両方のスケール間の相互接続などに言及しています。

　位置や分布という見方は、地理的に見るための基礎と言えるでしょう。一方、位置や分布、場所、地域と比べて、人間と自然環境との相互依存関係、空間的相互依存作用は、それぞれ関係や作用という言葉を用いていることからもわかるように、そもそも複数事象の関係性を表しています。例えば、空間的相互依存作用の場合は、石油のように偏在する資源の輸出入は、二つ以上の地域の結びつきなどを対象にすることになります。

　一九九二年と言えば、今から約三〇年前ですから、それ以降この枠組自体を疑おうとする考え方も出てきています。『社会科教育』誌での連載でも、スケールという概念を例として紹介したことがあります。スケールと関連させて、地域という概念よりも空間という概念の優位性を主張した例として、「身体からグローバルに至るまでのスケールの相互の関係性を明らかにするには空間の方が便利だ」という主張があります（森、二〇二一）。

見方・考え方はほぼ視点ですが、視点は更新されるのだということも含めた見方が必要なのではないでしょうか。

【引用文献】

森正人（二〇二一）『文化地理学講義―〈地理〉の誕生からポスト人間主義へ』新曜社

文部科学省（二〇一七）『中学校学習指導要領（平成二九年告示）解説社会編』東洋館出版

International Geographic Union - Commission on Geographical Education (1992) *International Charter on Geographical Education*

International Geographic Union - Commission on Geographical Education (2016) *International Charter on Geographical Education*

〈URL〉http://www.igu-cge.org/2016-charter/

2

# 地理的な見方・考え方を働かせるとは

見方・考え方を鍛えるためには、見方・考え方を働かせる必要があります。どうやって働かせたらいいでしょうか。

## 見方・考え方を働かせる

見方・考え方を働かせるとはどういうことでしょうか。案外、この働かせるというのがマジックワードになっているのではないでしょうか。

見方・考え方は、問いを発見する際に用いられます。また、問いを解決する際にも、さらには学習の振り返りにも用いることができます。平成二九・三〇年告示の学習指導要領では、教科に固有の学習内容と見方・考え方がリンクしており、何ができるのかという教科で求められる資質・能力を達成することによって、見方・考え方が深化するような構造が求められています。前項でも述べたとおり、地理的な見方・考え方は、視点として位置付けられますから、働かせるというのは、できるようになるべきことを児童・生徒が獲得する学習の過程そのものということになるのではないでしょうか。では、学習過程の中で、見方・考え方を働かせる場面として位置付けられるのはどのようなところでしょうか。

見方・考え方を働かせるには、例えば、①教科に固有の問いを発見する、②予想したり仮説を立てたりして問いの解決のための見通しをもつ、③思考して問いを解決する（仮説検証のためにどのようなデータを、どのようにして集めればよいか考える。比較、分類、総合したりして、問いを解く）、④学習を振り返る（データの集め方、集めたデータの妥当性や解釈を評価する）、という場面があると考えられます。

## 見方・考え方を働かせるプロセス

地理的な見方・考え方を働かせることは、地理的な問いを発見して、それを解決する問題解決的な学習の過程を設定することによって実現されます。先ほどの①〜④について具体的に考えてみましょう。

①地理的な問いの設定　「アマゾンの熱帯雨林消失は二〇二二年七月までの一年間に、前

年同時期に比べて二五％増えた。」（ブラジル国立宇宙研究所、二〇二二）という資料があります。ＦＡＯ（二〇二〇）の資料でも、二〇一〇～二〇年の間にもっとも森林面積が減少した国はブラジルです。そのため「なぜアマゾンではこの一年間で熱帯雨林消失が加速したのか」という問いを立てることも可能ですが、ここでは「アマゾンの熱帯雨林消失は環境にどのような影響を与えるだろう」という問いを設定してみましょう。この場合の見方・考え方は「人間と自然環境の相互依存関係」です。

②予想や仮説の設定　「生物多様性が失われるのではないか」「二酸化炭素の吸収が減って地球が温暖化するのではないか」「現地の人々の伝統的な生活文化を変容させるのではないか」（人間と自然環境の相互依存関係）などの仮説が立てられるかもしれません。

③問いの解決　問いの解決には、仮説を証明するための資料集めが欠かせません。人文現象では、複数の原因がもたらした一つの結果や一つの原因から複数の結果が起こることも多いため、データをいくつか集め、それぞれをどのように用いるかよく考えなければなりません。例えば、アマゾン南東部では二酸化炭素排出量が吸収量を上回り、二酸化炭素吸収源から大気への炭素排出源に転換した（Gatti et al. 2021）、という研究があります。

④学習の振り返り　仮説を検証するのは難しいため、それがどの程度上手くいったのか振

り返ることも重要です。問題解決に用いたデータは妥当だったか。もっと効率よくデータ集めできなかったかを考えることも重要でしょう。さらに、他の見方から仮説を立てることはできなかったか、データを集める際に、他の見方が使えなかったか振り返りができるとなおよいでしょう。

問題解決過程を設定し、各場面で見方・考え方を意識させることで、見方・考え方の深化に結びつくでしょう。

【引用文献】

ブラジル国立宇宙研究所（ＩＮＰＥ）のウェブサイト
〈URL〉https://www.gov.br/inpe/pt-br/assuntos/ultimas-noticias/a-area-de-vegetacao-nativa-suprimida-no-bioma-cerrado-no-ano-de-2022-foi-de-10-688-73-km2

FAO. 2020. *Global Forest Resources Assesment 2020: Main Report.* Rome.
〈URL〉https://doi.org/10.4060/ca9825en

Gatti, L. V. et al. 2021. Amazonia as a carbon source linked to deforestation and climate change, Nature,595,388-393.

# 3 地理的な問いの発見と解決　鳥の目、虫の目、コウモリの目で

私の小学生時代の通学路には、牛がいる農家や梟がとまっている木などいろいろ楽しいものがありました。

## 虫の目

コロナ禍で中止になりましたが、二〇二一年度兵庫県小学校社会科研究会で次の話をしようと思っていました。

私の小学生時代の通学路にはいろいろな楽しいものがあって、その一つ一つを季節毎に楽しんでいました。農耕にも使う牛を飼っている農家があって、牛の前を通るのが怖くてつい早足になったこと。牛小屋の手前には鶏を飼う小屋があり、毎朝卵の数を数えながら通ったこと。午前中は日が当たらない池に厚い氷が張るので、石を投げ込んで氷の厚さを

確認するなど、朝から真っ直ぐには学校に行けない冬の日があったこと。駅前の化粧品店兼雑貨店で文房具を購入していたのですが、新しい商品が入ると学校で話題になるので、すぐに見に行っていたこと。虫のようにミクロに観察する目は、小学生の頃からもっていたように思います。そのため、何がどのように並べられているのか、細かく把握して覚えていたこと。それは、日常生活の中でも虫の目が身についているからかもしれません。小学生も、中学生も、授業で関心をもつのは、案外細かい事象であることが多いと思います。ローカルな知は、繰り返し現地に通って、深掘りしている人に蓄積されるのです。神は細部に宿ると言いますから、ミクロに見ることは大切です。

## 鳥の目

一方、二年生の時だったと思いますが、「学校から自宅までの通学路を地図にしなさい」という課題が出た時には、あまり上手くいきませんでした。今から思えばまさにメンタル・マップで、よく知っているところは詳しく、そうでないところには何も情報が書き込めず、更に縮尺も一定せず、変な地図になったと思いました。二年生だから、そんなものでしょうか。

段々畑のきれいな石垣、よく梟がとまっていた大きな木など、通学路にはマイ・ランドマークがいくつもありました。これらは点の情報として私の頭の中に備わっていました。また、学校から牛のいる家までは、グラウンドの端から出て、冬になったら厚い氷が張る池を右手に見ながら進んで、突き当たりを左に曲がって坂を下る途中というようにパス（ルート）としては説明ができました。しかし、模造紙の上にそれらの情報を書き込もうとしても上手くいきません。点と線の情報が上手く面にならなかったのです。

大学一年生の時、鈴木秀夫さんの『森林の思考・砂漠の思考』（鈴木、一九七八）を読んで、私はあの時森林の思考のように下から見通しの悪い上（または水平方向）を見ていたのかと思ったことを覚えています。谷間にあった木造平屋の校舎からは学校周辺の景観を俯瞰することはできず、鳥の目を体験することができなかったのです。

##  プラス、蝙蝠（コウモリ）の目

鳥の目や虫の目を自在に用いてマルチ・スケールで物事を見ることを、授業を通じて経験させるだけではなく、批判的に物事を見る経験の機会をつくることが、社会科としてはとても重要です。ご存知のとおり、蝙蝠は逆さまにぶら下がっており、逆の視点から世の

中を見ています。もしかすると、大人とは異なる見方をする子どもは、大人にとってはすでに蝙蝠の目のもち主と言えるかもしれません。もし地理教育が蝙蝠の目を徐々に使えなくしているとすればもったいないことです。そうならないように、一人ひとり発想が異なっていることを積極的に褒めたり、発想の転換ができているという自信をもたせたりすることが、蝙蝠の目を育てることになります。

【引用文献】
鈴木秀夫（一九七八）『森林の思考・砂漠の思考』ＮＨＫブックス３１２
吉水裕也（二〇二二）「児童のための、そして先生のための地域の見方・考え方―楽しい社会科とのであいに向けて―」『社会科研究』（兵庫県小学校教育研究会社会科部会）七〇、一九―二〇頁

4

# 没入か、導入か、それとも

見方・考え方を、明示的に教えるのか、それとも学習しながら気づかせるのか、はたまたミックスするか？

## 改めて、見方・考え方とは

改めて、見方・考え方とは何でしょうか。学習指導要領によると「位置や空間的な広がりに着目して捉え、地域の環境条件や地域間の結び付きなどの地域という枠組みの中で、人間の営みと関連付けること」が、地理的な見方・考え方です。

学習指導要領には「見方・考え方を働かせて」とありますから、見方・考え方を身につけることは目的ではないことがわかります。一方、単なるスキルでもなさそうです。

これまで教科の学習では、教科の目標や内容に没入することによって、見方や考え方に自然に気づかせるイマージョン（没入）アプローチをとることが一般的でした。しかし、中学校社会科地理的分野や高校「地理総合」の教科書には、学習指導要領に例示された、五つの地理的な見方・考え方が明示されているものもあります。明示したうえで学習させるのなら、それは純粋なイマージョン（没入）アプローチとは言えないと思います。

## 没入か導入か

Ennis（一九八九）は、批判的思考力の育成をいくつかのアプローチに整理しています。インフュージョン（導入）アプローチとは、既存の科目を教える中で批判的思考の一般原則も明示的に教える方法だとしています。見方・考え方に置き換えてみると、社会科地理的分野の授業の中で、見方・考え方とはこういうものだということを明示的に教える方法と言えます。

一方、イマージョン（没入）アプローチとは、批判的思考の一般原則を明示せずに、既存の科目で批判的思考力を育成する方法です。批判的思考とはこういうものだとは教えずに、社会科の学習を行う中で、批判的思考力がついているということです。見方・考え方に置き換えてみると、地理的な見方・考え方とはこういうものだと明示的には教えないけれども、社会科地理的分野の学習をしているうちに、見方・考え方やそれを働かせることが身についているという方法になります。

##  没入と導入などの混合

Ennis（一九八九）は、今紹介した二つ以外にも、インフュージョン（導入）アプローチやイマージョン（没入）アプローチなどを組み合わせる方法であるミックス（混合）アプローチも紹介しています。

見方・考え方の話に置き換えてみると、例えば、イマージョンアプローチで地理的な事象について学習することにより、自然に地理的な見方・考え方を働かせることができるように授業を行うのですが、授業や単元の振り返りで、どのような見方・考え方を働かせたから思考が深まり、判断がよくなったのかを振り返らせる場面の設定がインフュージョンアプローチになって、結果的に二つのアプローチを組み合わせた授業になることがあります。

社会科の学習だし、地理的分野の学習なのだから、見方・考え方を明示的に教えなくても、使えるようになってくれればよいと考えるのも一つでしょう。一方、見方・考え方を

上手く働かせることによって、さらに学びが深化すると考えると、すでに働かせている見方・考え方を、明示的に振り返ることも重要かもしれません。

見方・考え方は、主体的・対話的で深い学びと資質・能力を結びつけるものです。そのため、「働かせて」とされているのでしょう。授業をデザインする際、見方・考え方をどのように扱えば深い学びに導くことができ、資質・能力を深化させられるのかに最も力が注がれなければなりません。

【引用文献】

Ennis, R. H. (1989). Critical Thinking and Subject Specificity: Clarification and Needed Research. Educational Researcher, 18, 4-10.

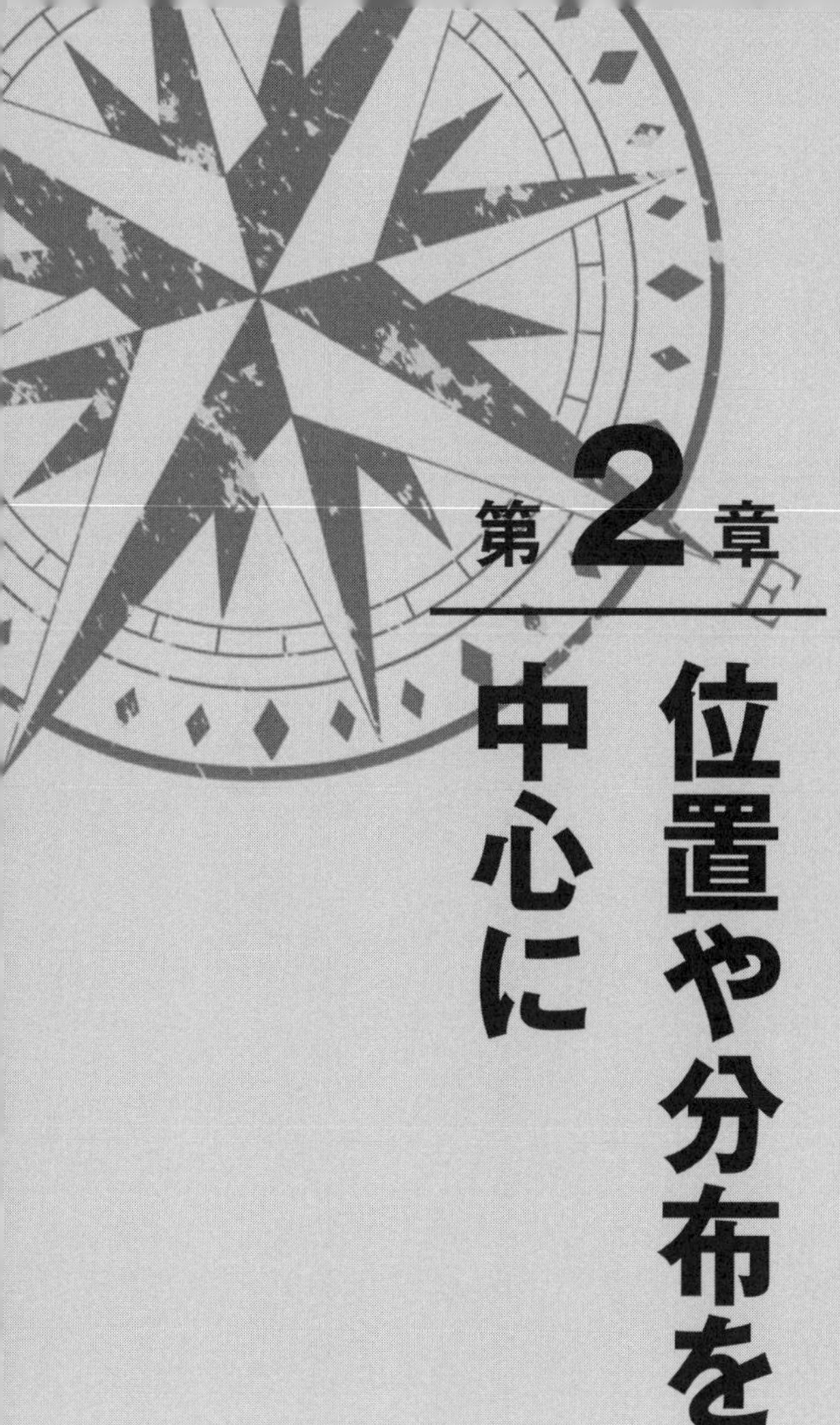

# 第2章

# 位置や分布を中心に

# 1 地球儀・地形模型からＧＩＳへ

日本の東は？　真東に行っても西に行ってもブラジル付近に着く。それなのに生徒は平気で東はカリフォルニア!?　まず地球儀や学校の周りの模型を作るところから始めてＧＩＳに進みましょう。

## 絶対的位置、相対的位置

事物が「どこ」にあるのかを表す「位置」についてです。北緯三五度東経一三五度というと、世界に一箇所だけの位置を示すことができます。住所もほぼ同じですね。東京都千代田区千代田一─一は皇居の住所ですが、これも一箇所だけの位置を示しています。このように表現される位置を絶対的位置と言います。一方、相対的位置は、「芦屋市は神戸市の東側」のように、二つのオブジェクト間の距離や方位によって表現されます。教室だと、

○○さんの後ろの席というのもこれにあたります。こちらは相対的位置です。絶対的位置も相対的位置も、教室の机の並びを使って上手く理解してもらうことができそうです。

## 地球儀の方位測定

子どもは知識として日本の裏側がブラジルのあたりだということは知っています。ということは、東西南北のどの方位に向かって移動しても、必ず地球の真裏（対蹠点）を通過します。しかし、普段見慣れているメルカトル図法やミラー図法のせいか、東はと聞かれると「サンフランシスコを通って」と緯線に沿った方角を言うのです。実際に地球儀で東や西がどちらになるのか計測させてみると、時に興味深いことが起こります。必要なのは、十字にしたテープです（図２－１）。十字テープの中心を日本のどこかにあてましょう。南

図２－１　地球儀と十字テープ

北をまず決めます。これは子どもも大丈夫。北極と南極に来るようにテープをあててくれます。ここからが大切。地球儀に沿うように東西方向のテープをあてて！　と言うと、「あれ？」「ええ!?」という反応、中にはテープを緯線に沿わせようとする者も。方位の測定は実体験することが大切。一度体験すれば東西の感覚は身につく可能性が高まります。

## 地形模型の作成（場所）

ＧＩＳへのつなぎとしても、地形模型を作成させたいものです。地形模型は厚紙やコルクボード等を重ねたものは作成するのに時間がかかりますが、ポリの弁当パックの蓋を重ねたもの（図２－２）であれば、一時間の授業で十分作成可能です。ベースになる地図を地理院地図から作成し、蓋に等高線を高さ毎に写し取

図２－２　ポリの蓋による地形模型

り、重ねていけば簡単にできます。大学の授業「自然地理学概説」では、この模型を作成した次の時間に、実際の地形を観察するため模型の範囲内を学生とプチ巡検し、河岸段丘や土地利用を体感します。

##  GISへ

端末やOSに関係なく使えるウェブGISは便利です。「地理院地図」、また、起伏がわかりやすく表現され学校周辺をはじめとした学習対象地域の地形を見るのに適した「スーパー地形」、世界中の地図や空中写真、ストリートビューが見られる「Google Earth」は便利です。さらに、旧版地形図や空中写真、古地図などに対応したものとしては「ひなたGIS」がおすすめです。経産省のRESASという地域経済分析システムとも連動しています。場所の特徴から、他の見方・考え方に拡張するのに役立つでしょう。

2

# 時差の計算？　なぜその標準時を設定しているのかを考えよう

なぜインドにアメリカのコールセンターがあるのか。英語で対応可能、そして半日の時差があるから？　時差を利用してどんなことができるのか、計算よりもそちらが大切!?

## 某テレビ局の全国中継から

一九九〇年代、中学校の教員だった頃のことです。全国ネットで放映されていた朝七時スタートの人気番組のオープニングが好きで、オープニングが終わったら出勤すると決めていました。全国各地の中継地から、天気などの様子をごく短時間で次々とリレーして伝えてくれるのです。各地僅か数十秒だと思いますが、天気とその日のイベント情報などが入っているのです。

冬のある日、東北地方では夜が明けているのに、沖縄ではまだ暗い朝というのを見て、録画して授業で見せようと思ったことがあります。時差の学習の導入に使える！と。若かった私は、その後時差の計算の仕方をせっせと教えたように思います。生徒からは、難しいだの、日常生活では使わないだの言われ、「そのうち世界を股にかけて活躍する日が来るから」とごまかした記憶があります。今なら、導入は当時の全国リレー中継とＵＳＪの地球儀が自転？（回転）する動画を組み合わせてＮＧを探せ！と問いかけるでしょう。

## ＵＳＪの地球儀

ＵＳＪゲート前の地球儀（ユニバーサル・グローブと言うそうです）の自転方向が、地球の自転方向とは逆だというのは有名な話です。地球の自転方向だと、地球儀表面に書かれている文字が読みにくいですね。ＵＳＪが修学旅行コースに入っている学校では、修学旅行のしおりに、ＵＳＪ地球儀のＮＧを探せ！と入れてみてはどうでしょう。

## 教科書や地図帳の等時帯マップ

ところで、等時帯マップを上手く使いこなせているでしょうか。時差を克服したり利用したりするために、各国がどのように標準時を設定しているかに注目してみる必要があります。

日本標準時は東経一三五度を基準に、協定世界時＋九時間（ＵＴＣ＋９）となっています。計算は簡単ですね。ただ、日本の東端の南鳥島は東経一五三度、西端の与那国島は東経一二二度ですから、三〇度以上の幅があります。

ご存知のとおり、中国は広大な国土をもっていますが標準時は一つです。北京から中国全国ネットで各地の朝の様子を映し出す番組があれば、どんな様子になるでしょう。時差の学習では、むしろこのように一五度で一時間の時差とならない例や経度とは異なる標準時を設定した例に注目させましょう。

ヨーロッパでも、注目させるべき例があります。ロンドンとほとんど経度差がないパリ。フランスはＵＴＣ＋０の位置ですが、第二次世界大戦中にドイツの占領下に入った地域で使われたＵＴＣ＋１の中央ヨーロッパ時間です。

アジアに目を移すと、シンガポールは、マレーシアとともに中国と同じＵＴＣ＋８を採用しています。シンガポールは東経一〇三度くらいですから、日本とは二時間の時差がある計算になります。しかし、実際の時差は一時間です。因みにタイではＵＴＣ＋７のため日本との時差は二時間です。その他にも、インドはＵＴＣ＋５：30と三〇分、ネパールは

UTC+5：45と一五分単位での標準時を設けています。

太平洋上のキリバスでは、独立当初UTC+12とUTCマイナス10、UTCマイナス11を使っていました。現在では国内で日付が丸一日違ってくることを避けるためUTC+12～14を用いています。+13や+14は裏技ですね。

それぞれどんな理由で標準時を設定しているのか考えさせてみましょう。

## 時差を利用して

インドにアメリカのコールセンターが多いことも有名ですね。地球の裏側に支社や営業拠点をもてば、納品までの時間が短縮されたり、営業時間が延びたりします。このように、標準時の設定は、政治や経済の影響を受けて単純な計算通りにはいかないし、一方利用することも可能です。位置に、空間的相互依存作用や地域という見方が影響を与えているようです。

3

# どこに空港をつくるか

日本の空港は世界トップクラスの評価のようです。よく考えてつくられているのでしょうね。

## 世界の空港ベスト一〇

イギリスの航空リサーチ会社スカイトラックスが、毎年世界のベスト空港を発表しています。表2－1は利用者が選ぶ二〇二二年の世界のベスト一〇で、日本の空港が三つも入っています。これ以外にも、様々なジャンル毎のランキングが見られ、どれを見ても日本

表2－1　世界の空港ベスト10

| 順位 | 空港名（国名） |
|---|---|
| 1 | ハマド（カタール） |
| 2 | 羽田（日本） |
| 3 | チャンギ(シンガポール) |
| 4 | 成田（日本） |
| 5 | インチョン（韓国） |
| 6 | シャルル・ド・ゴール(フランス) |
| 7 | ミュンヘン（ドイツ） |
| 8 | イスタンブール(トルコ) |
| 9 | チューリッヒ（スイス） |
| 10 | 関西（日本） |

（スカイトラックスのウェブサイトより）

の空港が上位に入っています。日本の空港のレベルの高さがわかりますね。きっと日本の空港には様々な工夫がされているのでしょう。

##  空港の立地

さて、空港をどんなところにつくればよいかと考えると、幾つも満たすべき条件があることに気づかされます。お目当ての都市の中心部に移動する時間は最も重要でしょう。成田空港から東京都心までは鉄道で約五〇分、羽田空港から東京駅までは約三〇分とアクセスがよいですね。羽田と成田の間は九〇～一一五分です。

関西空港から大阪駅までは概ね六〇分、伊丹空港までは九〇分です。因みに京都までなら七五分です。

主要な都市までのアクセス時間が短くなれば、逆に困ったことも起こります。そこで、生徒に「新たに空港を建設する際に、考えなければならない条件は何か?」と問いかけてみます。

都市からの距離（時間）

広い平坦な土地の確保

騒音
離・着陸経路の山や高層建築物
風向（風に向かって離着陸する）

などの条件が出てくればよいですが、難しいものもあります。風向きなどは知らない生徒もいるでしょう。

## 新空港をつくろう！

土木学会関西支部が作成した机上実験「新空港をつくろう！」という秀逸な教材があります。ぜひ引用文献のＵＲＬからアクセスして、本書とあわせて見てください。この教材では、大阪湾周辺のどこに新空港をつくればよいかを考えることができます。小中高の各段階で何を考えさせればよいか整理されているのですが、仮に中学生を対象としてこの教材を扱う時にも、小学生段階で想定されている空港の立地条件の整理は重要です。土木学会関西支部から提供されている教材では、大阪市や神戸市を拠点として、新空港をどこにつくればよいか、また、大阪梅田周辺の都市開発を同時に考えることなどが想定されています。

## なぜ関西空港は泉州沖にできた?

この教材をアレンジすれば、関西空港がなぜ泉州沖にできたのかを考察することができます。

前述の五つの条件をそれぞれ吟味考察すればよいのです。特に、都市域が広がる大阪平野周辺では、陸地部分には広い土地を確保することも、また離着陸路の建物の高さ制限をクリアすることは困難だとわかります。すると海上空港の建設ということになります。土木学会関西支部が作成した資料の中には、大阪湾の水深を示した地図があり、よい手掛かりになります。さらに大阪湾周辺のいくつかの地点の風況データが示されており、さらに騒音の範囲を示す環境基準（Lden）の図を地図上で動かしながら最適地を探せば、泉州沖が候補としてあがってきます。立地を考えるよい教材です。

【引用文献】
公益社団法人土木学会関西支部　机上実験「新空港をつくろう!」
〈URL〉https://www.jsce-kansai.net/wp-content/uploads/2021/08/kyoin-menkyo-jikken20210816_airport.pdf

# 4 アフリカの国境

アフリカの国々の国境線は恣意的に引かれ、民族が分断されたので紛争が多い？　国境線だけのせいですか？

## 誕プレはキリマンジャロ

一八八四～五年のベルリン会議で、キリマンジャロ地域はヴィルヘルム一世の誕生日プレゼントとして、イギリスからドイツへと割譲されました。このため、海岸からビクトリア湖に向かって当初直線だった植民地境界線は、キリマンジャロ付近で大きくケニア側に湾曲した線になっており、山麓部分も含めた山体すべてが現在タンザニア領となっています。ご存知のとおり、ベルリン会議以降、第一次世界大戦前までの間に、欧州七か国によってアフリカ分割が行われました。列強の植民地支配が始まると、植民地境界が次々と設

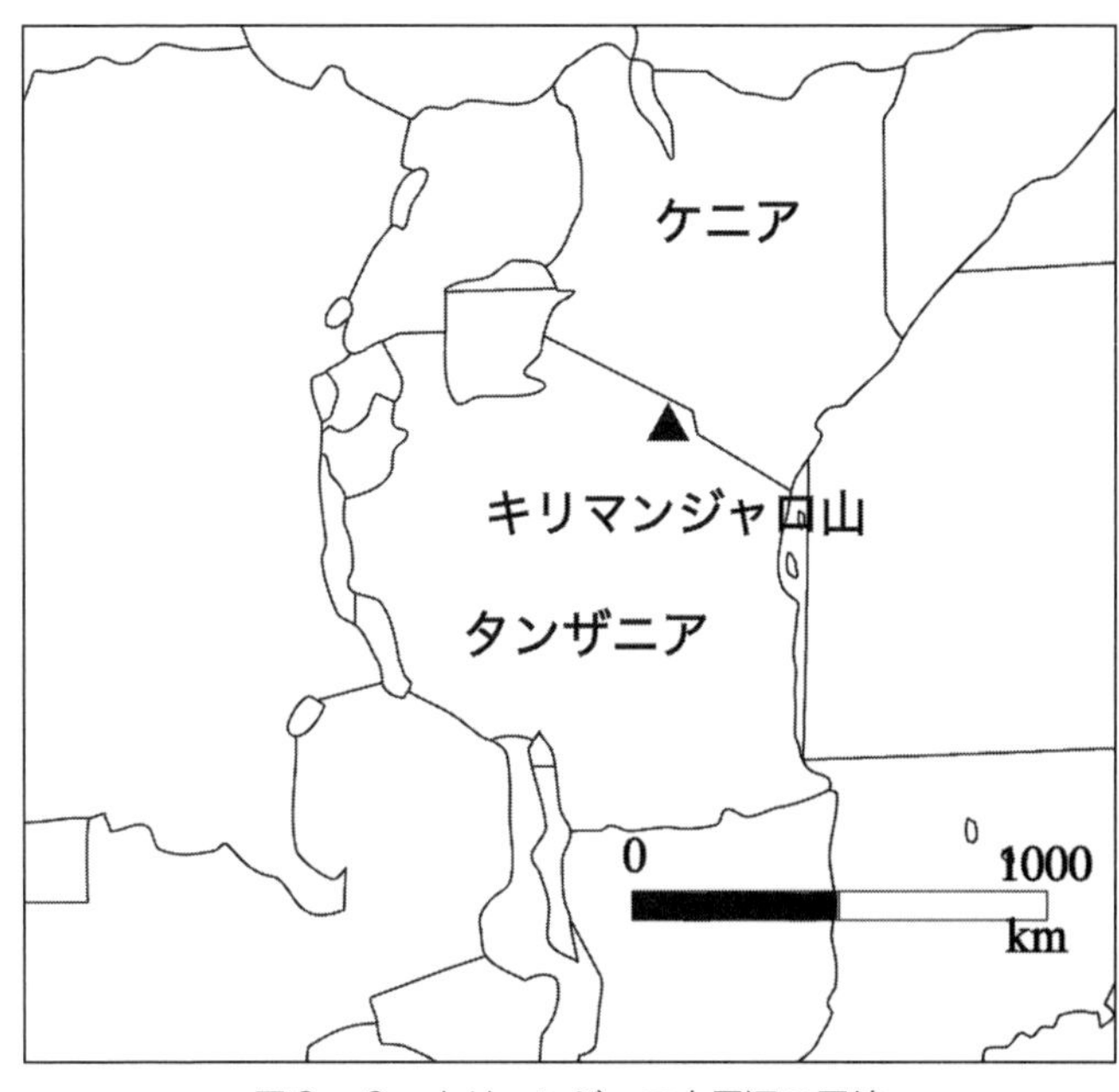


図2－3　キリマンジャロ山周辺の国境

定されます。植民地境界は、ヨーロッパ列強諸国の利害のもとで、アフリカを分割するものでした。キリマンジャロはその一つの象徴でしょう。そして、その植民地境界が、独立後の国境として引き継がれていくのです。アフリカの国境線が、その歴史を反映したものであることは確かです。

教科書には、民族の境界線と国どうしの国境線が合わないところでは、複数の民族からなる国や国境線によって分断された民族が多く、民族間の対立が起こることが少なくないなどと書かれていますが、なぜかアフリカの国々の国境は、アフリカ分割後ほとんど変わっていません。植民地境界線が民族対立の理由なら、独立後に国境線の変更を伴う紛争があってもよさそうです。しかし、国境線を越えて分断された民族が統一運動をする事例は数えるほどしかありません。もっとも、教科書記述は民族対立の理由が植民地境界線だとはっきり述べているわけではありません。しかし、何となくそれが通説になっているようです。

## アフリカは植民地境界を維持

地域共同体「アフリカ統一機構」（ＯＡＵ）は、設立直後の一九六三年に内政不干渉、主権と領土の尊重などを約束します。これまでの国境を遵守するということです。独立時のアフリカの指導者にも国境線が恣意的だという認識はあったはずです。しかし、安全保障の観点から、他国と新たな国境をめぐる争いが生まれるのはコストがかかるのです。

アフリカでは、近代国家は植民地国家として登場します。植民地国家が独立することで主権国家になるわけです。一方で、アフリカの人達は与えられた国境線に上手く適応して帰属意識を育ててきたと言えるでしょう。

## 民族間の対立はなぜ起こる

では、民族間の対立はなぜ起こったのでしょうか。

アフリカでは、植民地境界線を国境線として受け継いだため、二か国以上にひきさかれたりした国内諸民族をどうまとめるのかが問題でした。

これに対して、多くのアフリカの指導者は、国内の諸民族を同質化していく方策を採りました。しかし、アフリカでは独立以降、政治権力が独占され、少数の人々が国家の公共資源を私的な財産のように使う（家産制的）統治が行われ、同質化とは逆行するのです。この統治も、植民地時代に行われたものを継承したからでしょう。これらに対する不満が蓄積され、一九九〇年代にアフリカで深刻な紛争が多発する背景となりました。ルワンダやシエラレオネなど、深刻な武力紛争の背景要因は、政治権力の独占や家産制的統治、そしてそれが引き起こした国家権力の腐敗と不満の蓄積が主な理由だと考えられます。国境線や領土の問題とともに、むしろそれ以上に統治の問題があったのです。

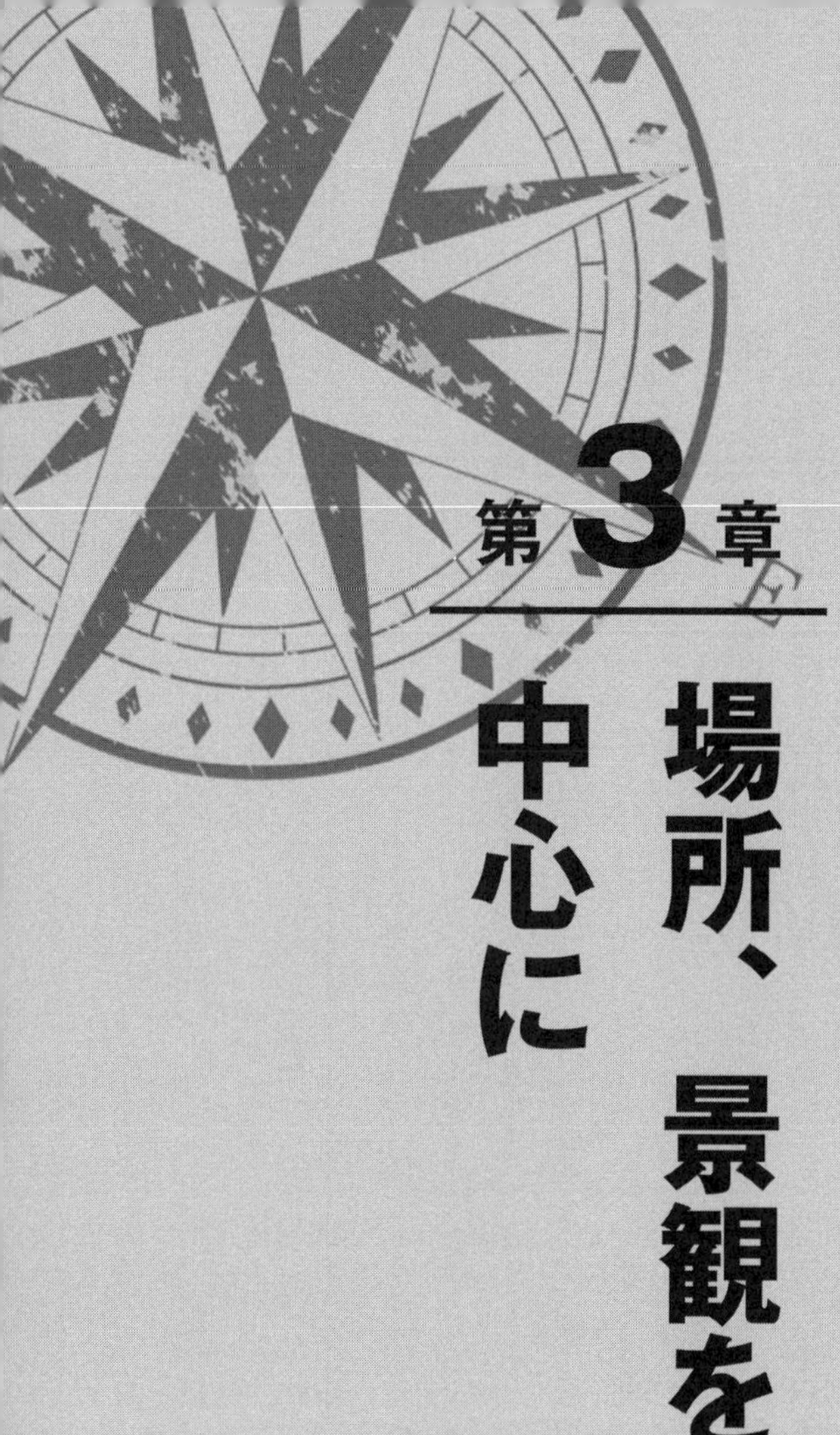

# 第3章

# 場所、景観を中心に

1

# 地名　キエフ？　キーウ？

二〇二二年二月二四日にロシアがウクライナに侵攻したことに大きなショックと怒りを感じました。その後、地名の呼び方の不自然さに気がついたのです。

## プルーってどこ？

中学・高校の教育現場に赴任した年、アメリカ合衆国からの留学生に週一時間「地理」を教える特別授業を半年間ほど担当しました。奈良市にあった学校の周辺から、留学生のホストファミリーの家がある京都府宇治市、そして、日本の大まかな地誌を学習し、さらには、日本と世界の国々との関係を、日本語七割英語三割くらいで授業をしていました。日本の地名では困らなかったのですが、外国の学習になった時に最も困ったのは地名の読みでした。例えば、日本では、南米のペルー共和国のことをスペイン語に近い「ペルー」

と教えています。ところが、留学生は英語で地名を覚えているため、「プルー」に近い音で発音します。恥ずかしながら私の頭の中にある地名と彼女らが話す地名とが一致しないのです。地名は英語読みで習ったのかと聞くと、そうだと言われたことを今でも覚えています。現地語読みをした方がよいのではないかと留学生に言うこともできず、にわかに様々な地名の英語読みを学習することになったことを思い出しました。

## 大関　栃ノ心

栃ノ心関はジョージア出身の元大相撲力士です。土俵入りの際「大関栃ノ心　ジョージア出身春日野部屋」と紹介されていたことを覚えている人も多いのではないでしょうか。ご存知のとおり、日本ではジョージアのことを、かつてロシア語読みの「グルジア」と呼んでいました。一方、二〇〇八年に起こった南オセチア紛争以降、ロシアとの関係が悪化し、英語読みのジョージアを使うよう要請されていたようです。日本では二〇一四年に正式に要請を受けて、二〇一五年に「ジョージア」の名称を使うよう法律を変更したようです。因みに、ジョージアの国名の自称は、サカルトヴェロだそうです。

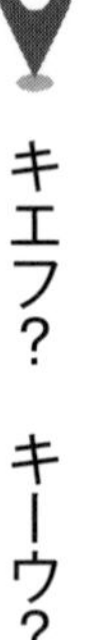

## キエフ？　キーウ？

二〇二二年二月二四日にロシア軍がウクライナに侵攻しました。首都キエフが標的であるという報道や第二次世界大戦のような戦争のやり方に、大きなショックを受けました。並行して、ウクライナについて様々なメディアで調べているうち、キエフという地名について違和感をもつようになりました。それがロシア語読みだからです。キエフは、ウクライナ語では「キーウ」に近い読みになります。英語表記では、一九九五年に Kiev から Kyiv に変更したそうです。

## 現地語読みがよいのでは？

地名の現地語読みに関する問題は複雑です。上海のように「シャンハイ」と呼んでいるところもあります。一方、NHKでは同じ漢字を使う中国の地名や人名は、日本字音読みにしています。例えば、武漢（武汉）は教科用図書地図には「ウーハン」と表記されています。一方、報道では「ブカン」と言われます。同様に、北京は「ペキン」です。二〇二二年の北京冬季オリンピックでも、「ベイジン」ではなく、「ペキン」オリンピックという名称でした。台湾南西部の都市「高雄（カオション）」に行った時に、船で隣り合わせたご婦人に、「どこから来たのか」と問われて、「おおさか」と答えると、「どこ？」というような顔をされたので、「ダーバン（中国語読みに近い）」と言い直すと、「ああ、知っている。行ったことあるよ」と言われたことがあります。私自身は、「おおさか」には住んでいますが「ダーバン」に住んでいる感覚はないので、地名の読みはそこに住んでいる人たちのアイデンティティとの関係から、現地語にするのが最も現地の人々を尊敬した言い方なのではないかと思います。

場所に関する名称は、政治的な思惑を含んでいることもあります。また、地名の読み方には一貫した法則があるわけではなく複雑です。地名は誰のものでしょうか。

2

# 繰り返し犯罪が起こる「場所」、起こりにくい「場所」

二〇年近く前、岐阜の私立大学に就職。名古屋で賃貸マンション生活開始。二か月後空き巣に入られそうになりましたが、上階の方（ホタル族）の機転で未遂に終わったのです。なぜうちに？

## 場所とは

トトロが出そうな位置。トトロが出そうな場所。普通はトトロが出そうな場所と言いますね。鬱蒼とした、真っ暗で寂しい雰囲気が伝わってきます。

場所とは、意味をもった広がりです。例えば、「ＩＴ企業の本社が多い」といった社会的条件や、「大きな二つの川が出会う」といった自然的条件によって意味づけられた空間的な広がりのことです。そのため、場所は雰囲気をもっています。位置、場所、地域は、この順序でより大きな空間を示します。では、犯罪が起こりそうな場所とは？

##  犯罪機会論

犯罪研究は従来犯罪者の属性や生育・社会環境から犯罪の原因を特定し、犯罪者の逮捕・矯正とともに犯罪の原因を社会的に排除することで犯罪の抑止を図るという犯罪原因論に立っていました。一方、一九八〇年代から盛んになった環境犯罪学では、犯罪の発生する場所、時間などの文脈的誘因に注目し、誘因を制御・除去することによって犯罪発生の機会を減少させ、防犯効果を高める手法である犯罪機会論が注目されはじめました。犯罪機会を減らそうとするリスクマネジメントです。

犯罪機会論に基づいた防犯環境設計には四つの方法があります（小宮、二〇〇五）。①「被害対象の回避・強化」（例えば、頑丈な鍵や防犯ガラスの取り付け。放火されやすい空き家などの撤去）、②「接近の制御」（例えば、家屋の二階からの侵入を防ぐための足場の除去。住宅地内の通過車両通行禁止）。これらは物的環境を直接整備するものです。一方、間接的な環境整備を想定したものもあります。③「監視性の確保」（例えば、暗い街路を減らすための防犯灯の増設。公園内外からの見通しを確保。公園の植栽減）、④「領域性

の強化」（例えば、地域住民の公園の設計・管理への参加。落書き消去などの街区美化活動の企画・参加）。これらは「犯罪が起こりやすい場所」があることに基づいています。逆に言うと「犯罪が起こりにくい場所」もあるのです。こう考えれば、防犯も地理の問題です。

さて、名古屋の我が家。大家さんはすぐに生け垣を低く刈り込み、ベランダ下に庭園灯を設置して「監視性の確保」を、自分では鍵を二重にして「被害対象の回避・強化」を図りました。

## 授業デザインへ

防犯環境設計をテーマに、グループ毎に地域の中の特定の場所を取り上げ、地域の在り方をハード、ソフト両面からデザインする授業はどうでしょう。

①なぜ監視カメラがたくさんあるのか（犯罪に巻き込まれる可能性）。
②なぜこの公園では短期間に複数回の犯罪が起こったのか（地図と写真による犯罪が起こる場所の分析）。
③どのようにすれば犯罪を少なくすることができるのか（犯罪を回避する場所づくり）。

④地域の児童公園をどのような防犯環境設計にすべきか（リスク・コミュニケーションで防犯環境設計）。

という問いによって単元を構成します（吉水、二〇一三）。④を単元全体のプロジェクトと位置付けてもよいでしょう。また、④では、一つのリスクをゼロに近づけることにより、他のリスクが高まるリスク・トレードオフについても考慮する必要があります。

犯罪が起こりにくい場所の設計は重要ですが、犯罪を起こす立場からすれば、そこを避けて犯罪を起こしやすい場所へ移動することになります。そのため、犯罪機会論と犯罪原因論との両面からのアプローチが必要です。

【引用文献】
小宮信夫（二〇〇五）『犯罪は「この場所」で起こる』光文社新書
吉水裕也（二〇一三）「中等地理教育でリスク社会をどのように扱うのか―身近な地域の防犯環境設計を事例として―」『社会科教育研究』No.一一九

3

# 住宅供給は効率優先？　ニュータウン

人口減少に伴って、地方では大都市であるか否かを問わず空き家問題が顕在化してきました。

## ニュータウン入居者の特徴

一九六〇年代以降、三大都市圏ではニュータウン（以下、ＮＴ）建設が盛んに行われました。戦後の第一次ベビーブーム生まれの人たちは、一九六〇〜七〇年代には成人し、都市に住居を求めます。そこで三大都市圏を中心に五〇近いＮＴ（新住宅市街地開発法にもとづくもの）が建設され、建設当初は、若年層の夫婦のみ、または夫婦と子どもという世帯が多く入居しました。

## ニュータウンの再開発

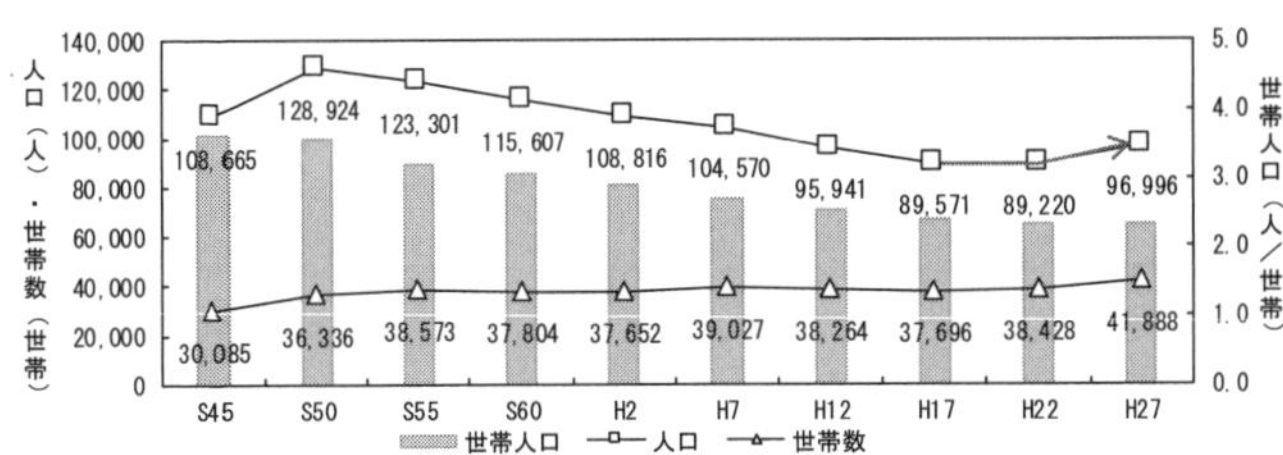


図３－１　千里ＮＴの人口・世帯数推移
出典：大阪府ほか（2018）千里 NT 再生指針2018（資料編）

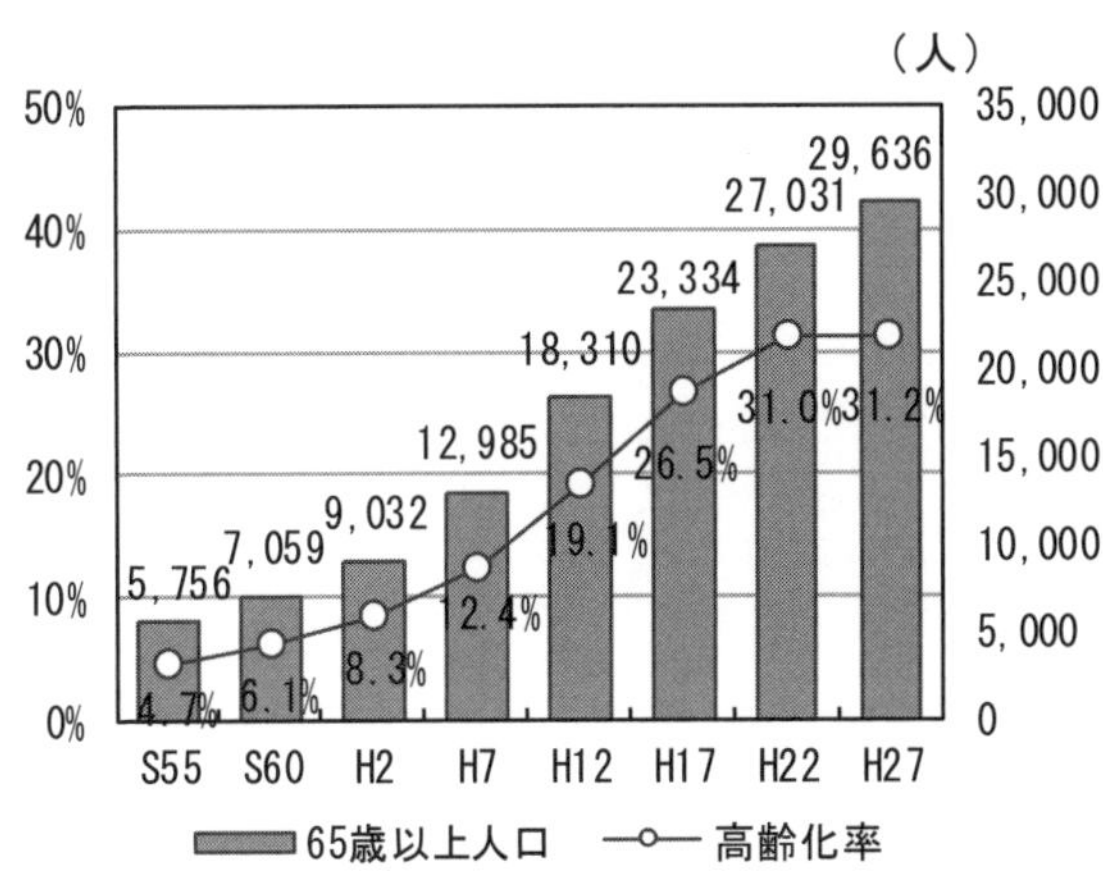


図３－２　高齢化率・高齢者数の推移
出典：大阪府ほか（2018）千里 NT 再生指針2018（資料編）

しかし、今では建設された住宅が老朽化したり、入居者が高齢化したりする課題が見られ、再開発が行われているところもあります。

では、「なぜNTに老朽化や高齢化の課題が生じているのでしょう」。

大阪府の千里NTでは一九六二（昭和三七）年に入居が始まりました。図3－1は千里NTの人口、世帯数、世帯人口（一世帯あたり人数）の推移を、図3－2は千里NTの高齢化の推移を示しています。

図3－1から、①世帯人口（一世帯あたり人数）、人口、世帯数それぞれの変化を読み取ってください。②図3－2から、千里NTの高齢化率の推移の特徴を述べ、③高齢化率の変化にこのような特徴が見られるのはなぜか、図3－1で読み取ったことを根拠に説明してください。

①から、千里NTの人口、世帯人口の減少と、世帯数の微増が読み取れます。人口は昭和五〇（一九七五）年を頂点に減少しています。②の高齢化率の推移は、平成二（一九九〇）年までは高齢化率が低かった千里NTも、その後急速に高齢化が進み、平成二二（二〇一〇）年以降は三一％ほどで落ち着きます。③は、図3－1で、人口減少、一世帯あたりの人数の減少、世帯数がほぼ変わらないことを根拠に、減ったのは高齢者ではなく、千

里NTに住居を購入した人の子ども世代だと想像され、そのため高齢化が急速に進んだと説明します。

##  ニュータウンの変化の理由

資料を読み取ってその事実を記述したり、読み取ったことを組み合わせて「なぜ」に答えたりすることが大切です。ただし、「なぜ」の答えの深さが問題です。読み取ったことを元にもう一段深い「なぜ」を設定したいものです。「なぜ高齢者は住み続け、子ども世代は千里NTを離れていったのか」「そもそも集団多様性が失われて高齢化が進むようなNT開発が行われたのはなぜか」。こういった問いを設定することで、開発入居時期に優先された価値が透けて見えてきます。この傾向が千里NTのみでなく、他のNTにも見られるのなら、その可能性が高まります。

集団多様性の担保を、効率と公正という価値を基準に、どの程度実現すべきかを考える意思決定の学習としても意義深いものになるでしょう。

# 4 空間の履歴を読む

非常勤講師をしていた阪大吹田キャンパスで、万博の名残を感じさせるものを発見したと思ったら…。

## 緑の線と白の線

非常勤講師として大阪大学人間科学部で地理歴史科教育法を担当していたことがあります。阪大吹田キャンパスは、一九七〇年の大阪万博会場に隣接した位置にあります。私が授業を行った建物の周囲は、一面アスファルトが敷かれており、夏は照り返しが厳しくて暑かった記憶があります。

さて、そのアスファルトです。ある日、面白いことに気がつきました。校舎の周りには駐車場が広がっていたのですが、そこには緑色の線と白色の線が引かれているのです。引き直したのかな？　よく観察してみると、緑色の線は乗用車一台分よりもかなり広く、大型車両用の駐車区画になっているようでした。まさか、万博の時のバス駐車場？　と思い、事務室で聞いてみるとその「まさか」でした。そして、後にそのことが桑子敏雄さんの『環境の哲学』（講談社学術文庫、一九九九年）にも書かれていることを知ったのです。

桑子氏は著書の中で、そこで万博が行われたことを示す証拠としては太陽の塔よりも生々しいと述べていますが、まさにその通りだと思います。因みにGoogleマップ（下記二次元コード参照）で見てみると、今でもはっきり緑の線が見えます。「空間の履歴」（桑子、一九九九）を思わぬ所から見つけた経験でした。

## 見方・考え方としての景観

景観は地理を学ぶにはとても大切な概念ですが、地理的な見方・考え方に例示された五つには入っていません。しかし、私はスケールとともに見方・考え方に加えておくべきだと思います。地理学でもドイツ語のラントシャフトか、英語のランドスケープに基づくのかによっても意味が異なります。一般的には、景観は目に見える実体概念と意識される傾向が強いでしょうか。一方、景観を構成され、表象されるものととらえる考え方もあります。

## つくられる景観

「景観法」には景観の定義がありませんが、第一条から良好な景観という用語が出てきます。良好な景観は、人間や自然環境の共同作業で生まれてくるのですが、むしろ人間はもっと意図的に良好な景観をつくり出しもします。

　五年半をかけて平成の大修理が行われ、漆喰で真っ白になった目映いお城が話題になった世界文化遺産姫路城とその周辺の例を見てみましょう。写真（図3－

図3－3　JR姫路駅眺望デッキ，キャッスルビューから望む大手筋と姫路城（2019年筆者撮影）

３）は二〇一九年八月に、ＪＲ姫路駅のキャッスルビューという眺望デッキから撮ったものです。

姫路駅からお城に向かって伸びる大手前通りは、戦後の復興事業の目玉でした。道路幅五〇ｍで、電線が地中化され、姫路城の景観を損なわないようにという配慮がなされています。

キャッスルビューからの景観は、姫路城をアイストップ、つまり人の視線を引きつけ、印象に残るランドマークとしてつくられています。さらに、大手前通りはヴィスタ、つまり両側にビルが建ち並んでおり、姫路城への奥行き深い眺めをつくりだしています。視線が通りの奥にあるお城に向かうように両側の視界を遮っています。大きな看板が目立ちますし、ファサードの統一感は今ひとつですが、全体には姫路城をシンボルとした景観をつくり出す意図が読み取れます。身近な景観に込められた意図を、空間の履歴をたどりながら読み取ってみましょう。

【引用文献】
桑子敏雄（一九九九）『環境の哲学―日本の思想を現代に活かす』講談社学術文庫

5

# 豪華な地下宮殿　タシュケントの地下鉄

ウズベキスタンのタシュケント地下鉄は一九七七年開業、モスクワ五輪の三年前でした。

## 写真撮影解禁!?

二〇一八年九月、台風で関西国際空港の連絡橋にタンカーが接触して破損した影響で、伊丹空港でも混雑が続いていました。そんな中、ウズベキスタン調査のため、伊丹から成田経由でタシュケントに向かったのです。国内の錚々たる地理教育研究者の方々とのウズベキスタン調査の始まりでした。実は密かに楽しみにしていたのが地下鉄（図3－4～6）。軍事施設に指定されていたため長く撮影禁止でしたが、二〇一八年六月に撮影が解禁されたのです。調査予定に地下鉄は含まれていませんでしたが、一目見るだけでもと思っていた私には嬉しい知らせとなりました。その豪華さは、すでにタシュケントの地下鉄

図３－４　旧ソ連圏でよく見られる車両。
タシュケント地下鉄 Minor 駅。（2018年筆者撮影）

図３－５　大理石張りの柱。柱頭も照明も凝っている。
タシュケント地下鉄 Tashkent 駅。（2018年筆者撮影）

駅を収めた写真集が出版されているほどです。

## 一九七七年開業

タシュケント地下鉄は中央アジア初の地下鉄として開業し、現在では四路線あります。現在の人口は二九六万人（二〇二三年）。ソ連時代には、モスクワ、レニングラード（サンクトペテルブルク）、キエフ（キーウ）に次ぐ第四の都市でした。地下鉄建設の計画がもち上がったのは一九六六年のタシュケント地震のあとでした。地下鉄が建設されたのは、ブレジネフ時代（一九六四～八二）と重なります。モスクワの地下鉄は「地下宮殿」と称されますが、タシュケント地下鉄駅も豪華な装飾が施されています。また、地震後であったこと、さらに八～二五メートルと、地下鉄駅としては浅いながらマグニチュード9にも耐える設計で、シェルターとしての役割も担っています。

図3－6　大理石にはめ込まれた陶製壁画。タシュケント地下鉄 Tashkent 駅（2018年筆者撮影）

## 景観を読む

一九七七年はモスクワ五輪の三年前です。冷戦中だった当時、ソビエト連邦の国力を見せるショーウィンドウ的な意味もあったのでしょう。各駅は大理石や大きな陶板が使われたりして豪華な造りです。国内から一流の建築家や芸術家を集めて工事が進められたようです。一方、ムスリム国家的な装飾はあまり見られません。ウズベキスタンと言えば、サマルカンドなどのブルーのモスクのイメージが強いと思いますが、タシュケント地下鉄の駅は、それとは異なる景観を呈しています。

地下鉄は、ソ連崩壊後にも建設が進められ、共産主義文化遺産ではない面もあるのかもしれません。都市の構造や地上の建築物の様式、その自然環境との関係などが、景観を読み解く視点になりますが、一方で、政治や経済なども景観を読む視点になります。

私はタシュケント地下鉄駅が豪華だと感じました。駅構内の景観を、議論的遺産？　両義的遺産？　などと考えること自体が価値付けですが、このような思考自体が景観を深く読むきっかけにならないでしょうか。

6

# デトロイトは自動車の街?

デトロイトの印象は? モーターシティ? ロックシティ? メタルシティ? それともファームシティ?

## デトロイトはモーターシティ?

T型フォードが生まれた自動車の街デトロイト。中学校教科書にも、かつての自動車工業都市と記されています。

デトロイトでT型フォードが生まれたのは一九〇八年。第二次世界大戦後から七〇年代にかけてフォーディズムと呼ばれる大量生産方式で、まさに自動車の街として発展したのです。フォーディズムは後のトヨタ自動車の生産方式にも影響を与えます。

機械化による大量生産のため非熟練工でも労働力となり、一方、士気を高めるために高給料だったこと、部品の共通化や標準化で生産コストを下げたことがフォーディズムの主な特徴です。

デトロイトでは、自家用車が普及したため公共交通機関が発達しませんでした。デトロイトの景観はフォーディズムの表象だったのかもしれません。

第二次大戦後には、自動車工場も郊外へ移転し市内人口が減るのと裏腹に郊外人口が増加します。その後、GMの経営破綻、犯罪増、人口減と最悪の末路をたどりかけます。

デトロイトは二〇一三年に財政破綻します。しかし、破産申請後は投資資金が流れ込んで、景気は数年で一気に回復し、失業率も下がります。

## 空地で都市農業

近年の米国の農業の特徴の一つに、小規模農場の増加があります。このことと関連して、デトロイトの都市農業について見てみましょう。

二村（二〇二〇）は、近年全米の都市で農業に利用される土地が増えていること、ここにはローカルフード運動の影響が見られること、これらは日本の地産地消運動と類似しているものの、国内外の農産物市場に大きな影響をもつ多国籍アグリビジネスよりも地域に根ざした小規模農家を支えることを意図した動きであることを述べています。二村論文を読みながらGoogle Earthのストリートビューでバーチャル巡検してみると、ニューセンターの都市農園Michigan Urban Farming Initiative（〈URL〉https://www.miufi.org）が積極的に活動しているのがわかります。

産業構造変化により人口が往時の半分に減少したデトロイト市では、空地が多く発生します。空地では、コミュニティ再生、地域のフードデザート問題に対処する観点から、家庭農園やコミュニティ農園等多様な農的な利用がなされ、都市農業としての産業化の試みも見られるようです。デトロイト最大のファーマーズマーケットであるイースタンマーケットを越えてイーストサイドに入っても、すぐに古家、空地、空き家が沢山確認できます。大都市デトロイトの中心部が人口減でフードデザート状態だったとは信じがたかったのですが、二〇一三年にミッドタウンに高級スーパーWhole Foodsが出店して一〇年ぶりにスーパーができたことを知り、深刻さを感じました。

## デトロイトのこれから

一九八七年にはダウンタウンを一周する鉄道ピープルムーバー、二〇一七年にはダウンタウンからミッドタウンを抜けニューセンターのアムトラックデトロイト駅を結ぶ路面電車ＱＬｉｎｅも完成し、不十分ながらデトロイトの公共交通網には変化が見られます。

デトロイトには、二〇一九年にGoogle系のウェイモ（自律走行車）が進出しました。かつてＧＭの工場だったところで自律走行車が造られるのは、まさに新旧交替の感があります。その他、医療系スタートアップ企業が進出したり、ロボット産業が進出したりして回復の兆しもあります。

景気の回復は地価上昇にも結びつきます。ジェントリフィケーションが進めば都市農業は難しくなります。持続可能な都市を考えるうえでもデトロイトは様々な視点を与えてくれます。

【引用文献】

二村太郎（二〇二〇）「拡大するアメリカ合衆国の都市農業とその課題」『日本不動産学会誌』三四―一

7

# 鉱山　点から線へ

シルクロード、昆布ロード、麺ロード。遍路道、熊野古道、箱根八里。地図を読む時には、点、線、面を意識して。

## 生野銀山、明延鉱山

大阪北部在住の私は、隣接する兵庫県猪名川町や川西市の多田銀銅山から奈良東大寺の大仏造立に献銅されたという話を小学生の時に聞いたことがありました。私が小学生だった時にはまだ稼働中だった多田銀銅山は、現在の川西市、猪名川町、そして大阪府池田市などにも採掘跡があり、広く銀をはじめとした非鉄金属を産出していたようです。しかし、昭和四〇年代には閉山し、残念ながら地図帳には掲載されていませんでした。江戸時代から昭和にかけて、大阪北部の北摂から兵庫県の但馬にかけての地域は、比較的多くの鉱山があった地域です。小学生の時に虫採りに行った山には、トロッコの廃線跡があったりして、鉱山での仕事を想像したりしたものです。

大阪府では地図帳に掲載されるような鉱山はありませんでしたが、兵庫県には生野銀山や明延鉱山がありました。こちらは規模が大きく、しかも昭和の終わり頃まで稼働していたため、ご存知の方も多いでしょうか。

「鉱山。どこにある？」という問いは「点」としてとらえる見方です。そして、点としてとらえると、地域的な偏りが見えてきます。

## 銀の馬車道

兵庫県の生野銀山は、日本初の官営鉱山でした。一五四二年から本格的な採掘を開始したとされ、そこには世界遺産でもある島根県・石見銀山の山師の力添えがあったと言います。操業期間四三〇年間で銀の全産出量は一七二三トン、明治時代の年平均銀産量は約三・一六トンです。因みに、東京オリンピック・パラリンピックのメダルをつくるために都市鉱山から集められた銀は二年間で約三・五トンですから、明治時代の生野銀山はその二倍の産出だったわけです。そんな重たい鉱石をどうやって運んだのでしょうか。

明治政府は、生野銀山を直轄管理しただけでなく、搬出のための道路整備も行っています。もちろん、鉄道建設、そして側を流れる市川の舟運も検討されましたが、鉄道はその当時では費用面で、舟運は天候に左右されるため可能性が低いと考えられたようです。

そこで、「銀の出ること土砂の如し」と言われた生野銀山から姫路・飾磨港へ銀を運ぶのは馬車となりました。明治初めの一八七六年に開通した「銀の馬車道」（正式名称：生野鉱山寮馬車道、日本遺産）は、明治政府の官営事業として建設され、重い鉱石運搬に耐え得るヨーロッパ最新技術である「マカダム式」が導入された画期的な構造をもつ馬車専用舗装道路で、最短・平坦で安全な所を通る日本初の産業高速道路でもありました。国立公文書館のデジタルアーカイブで、手書きのルート図を見ることができます（明治六年十二月『公文録　生野ヨリ飾磨津迄運輸新道築造伺』二次元コード参照）。

実は、江戸時代までの日本では、馬と荷車を併せて使う馬車はあまり普及していませんでした。「明治以前には、幕府の禁令により、荷車や車両の使用を都市や宿場等の物資集散地と村内での農産運搬の利用に限り、これを除く街道などでは一切を禁じていた。」（宮永、二〇一二）のです。竣工した約四十九キロの道筋の河川には合計二十二本の橋が架けられ、路面は周囲の畑より六十センチ高くして側溝が設けられ、山麓の崖道では長雨での崩壊を防ぐように石垣が設けられていたようで、現代で言えば高速道路並みの仕様だったのです。

生野が鉱山まちとして栄えるには、掘り出した鉱石を効率よく運ぶ必要があり、そのためのルートをつくらなければなりませんでした。生野銀山と飾磨港を結ぶ「銀の馬車道」は、「線」としてとらえる見方です。

【引用文献】

宮永肇（二〇一二）「銀の馬車道の歴史―築造時の計画を検証する―」『バンカル』八五：九～一三頁

国立公文書館の資料への二次元コード

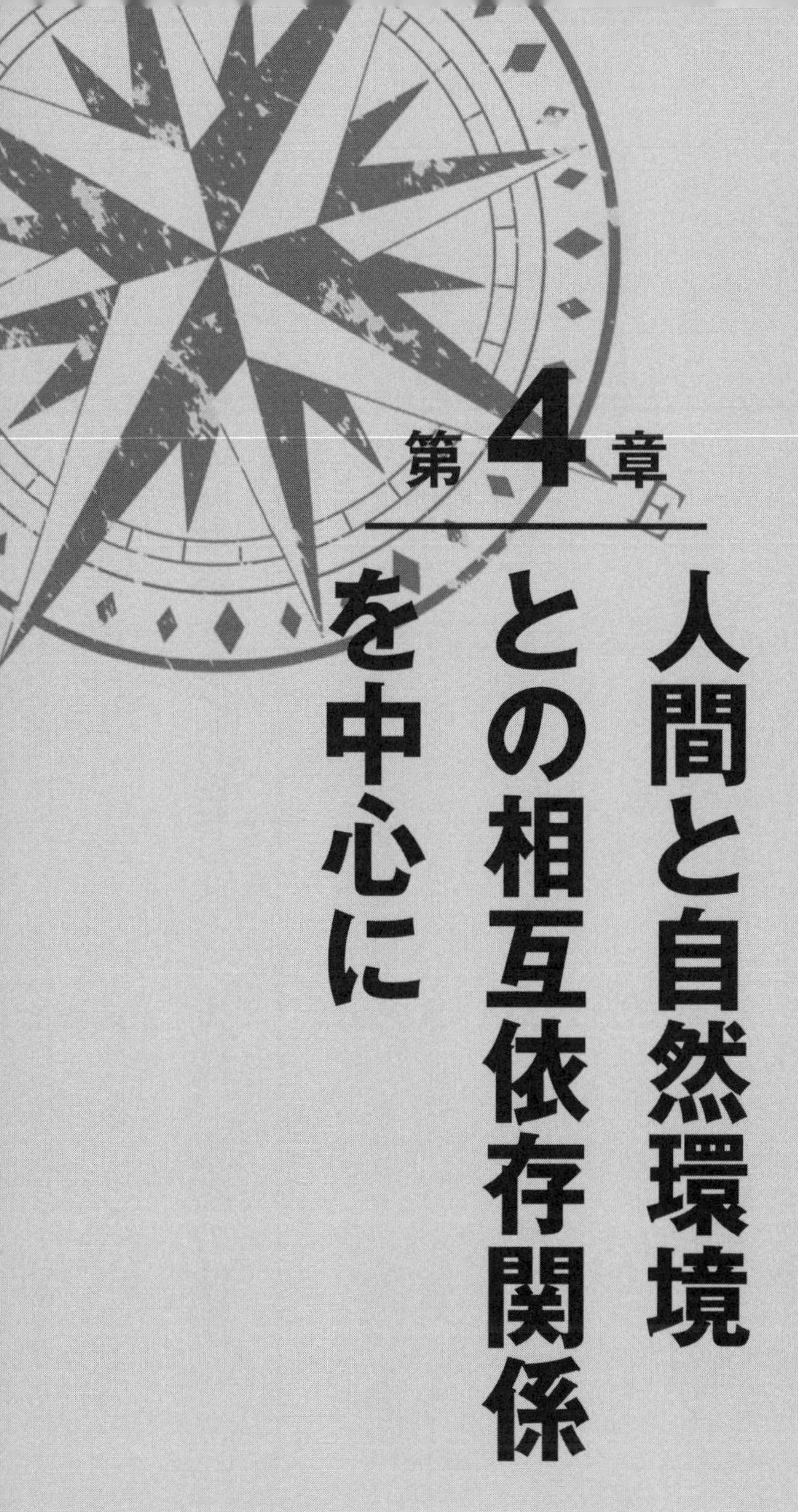

# 第4章

# 人間と自然環境との相互依存関係を中心に

1

# 場所の環境の履歴書をつくりましょう　流域、自然の住所

二〇二〇年八月二八日以降、宅建業者は不動産売買・賃貸の際に、水害ハザードマップを提示し、当該物件の概ねの位置を示すことが義務化されました。私たちは、その説明を聞くだけでよいでしょうか。

## 自然の住所

兵庫県には、日本一低い分水界があります。丹波市の氷上町石生（いそう）付近は日本海に流れ込む由良川水系と瀬戸内海に流れ込む加古川水系の中央分水界となっています。幅広い谷の沖積平野の中で分水する谷中（こくちゅう）分水界で、日本で最も低い中央分水界（標高九五・四五ｍ）として知られています。「水分れ橋」のそばにある料亭旅館には「北側に降った屋根の雨は由良川から日本海へ、南側に降った雨は加古川に流れて瀬戸

内海に届きます。」という説明があります。さて、みなさんは自宅の屋根に降った雨がどこに流れていくのかご存知でしょうか。

学部の「自然地理学概説」の授業の最初に、キャンパス周辺の地形模型を作成してもらい、周辺を実際に歩いて確認してもらっていました。大学の住所は、兵庫県加東市下久米九四二―一ですが、「大学の自然の住所は？」と学生に聞いてもピンとこないようです。今いるところの位置を、河川の流域や地形でとらえるとどうなるでしょうか。

## 流域でとらえよう

「兵庫教育大学の自然の住所は？」。この問いは相手が大学生でも、小学生でも、中学生でも使えます。「日本列島、本州島」までは、問いを投げかけた途端、それぞれがつぶやいてくれます。

「流域でとらえましょう」と言うと、「加古川水系千鳥川流域」という答えもすぐに出てきます。

「千鳥川の右岸？　左岸？」と聞くと、「左岸」という答え。「最後は、どんな地形のところにあるかをプラスして」と言うと。これは少し難しいようです。「この場合は地理院地図の都市圏活断層図で調べてください」と言うと、すぐに調べ始めます。大学のすぐ近くまで、都市圏活断層図が見られるようになっています。どうやら、河岸段丘面上にあるようです。

「日本列島本州島播磨平野加古川水系千鳥川流域左岸、上位段丘面（万勝寺面）の肩付近」。自然の住所が確定したら、水がどこに行くのかだけではなく、災害をとらえる時には、どこから来るのかにも注目させたいところです。

さて、次は皆さんの自宅の自然の住所を調べてみましょう！

## 自宅の場所の環境の履歴書づくり

自然の住所が確認できたら、自宅のある場所の環境の履歴書づくりを始めましょう。自然環境とともに土地利用の履歴も調べてみましょう。

まずは、市史などで過去の災害履歴を調べましょう。特に、近年の災害は記録に残っていますので、しっかりと調べたいものです。

「地理院地図」では、「土地の成り立ち・土地利用」に様々な資料が入っています。「明治期の低湿地」では液状化と関係が深い地域を調べることができます。近年の災害情報、地理教育支援のための様々なコンテンツがあります。

「今昔マップｏｎ ｔｈｅ ｗｅｂ」（全国をカバーしているわけではありません）では、旧版地形図で自宅がかつてどのような土地利用だったのかを調べることもできます。

自治体が発行している洪水ハザードマップを調べると、近年発生した水害や浸水範囲、さらには避難すべき方角等が記入されているものもあります。地震ハザードマップの場合は想定される震度や液状化の可能性など、起こりうる災害に応じて、様々な情報が得られます。

フィールドワークをして、地域の方に聞き取りをしたり、自然災害伝承碑を探したりしてみるのもよいでしょう。暗渠など地形図では読み取れなかった水の流れなども調べることもできます。

履歴書づくりには土地条件図や都市圏活断層図など、防災上見ておいた方がよい情報を複数組み合わせて使う必要があります。防災教育の第一歩です。

【引用文献】

岸由二（二〇一三）『「流域地図」の作り方―川から地球を考える』ちくまプリマー新書

2

# 瀬戸内地域にため池が多いのはなぜ？

瀬戸内地域にため池が多いのはなぜ？　それは難しい問いです。地理学習ではある地域の特色を説明する際、スケールをあわせて条件を検討する必要があります。

## ため池密集地域はどこ？

都道府県別で最もため池が多いのは？　それは兵庫県です。二位は広島県、三位は香川県と西日本で瀬戸内海に面した県が続きます。ため池とは、主に農業用水を確保するために水を貯え取水ができるように造った人工池のことです。全国に約十五万箇所あり、そのうちの七割が江戸時代以前に築造されたものだと考えられているようです（農水省ウェブサイト）。このため池が多い理由を、降水量が比較的少ない瀬戸内気候地域であるということのみで説明してよいか考えてみましょう。

## マルチ・スケールで考えてみよう

学習指導要領解説で例示されている地理学の五大テーマには含まれていませんが、重要な見方・考え方としてスケールがあります。スケールは、地図上の解像度としての縮尺（地図学的スケール）、ミクロな考察かマクロな考察かという研究者の視角（方法論的スケール）、そして、社会の変化過程によってつくり出される空間の単位（地理的スケール）という三つの意味があります（Smith、二〇〇〇）。

スケールをあわせることによって、いわゆる環境決定論的な見方に陥ることを避けることができるため重要です。浮田（一九七〇）は「「環境決定論」とか「自然決定論」とかいうものは、マクロな自然条件を以てミクロな社会現象を説明することであるといってよいであろう」と述べています。特に、何かを説明しようとする時に、そのスケールにあった説明になっているか、そして、特によりマクロなスケールでの説明になっていないか注意することが重要です。

## なぜため池が瀬戸内、兵庫、東播磨に多いのか？

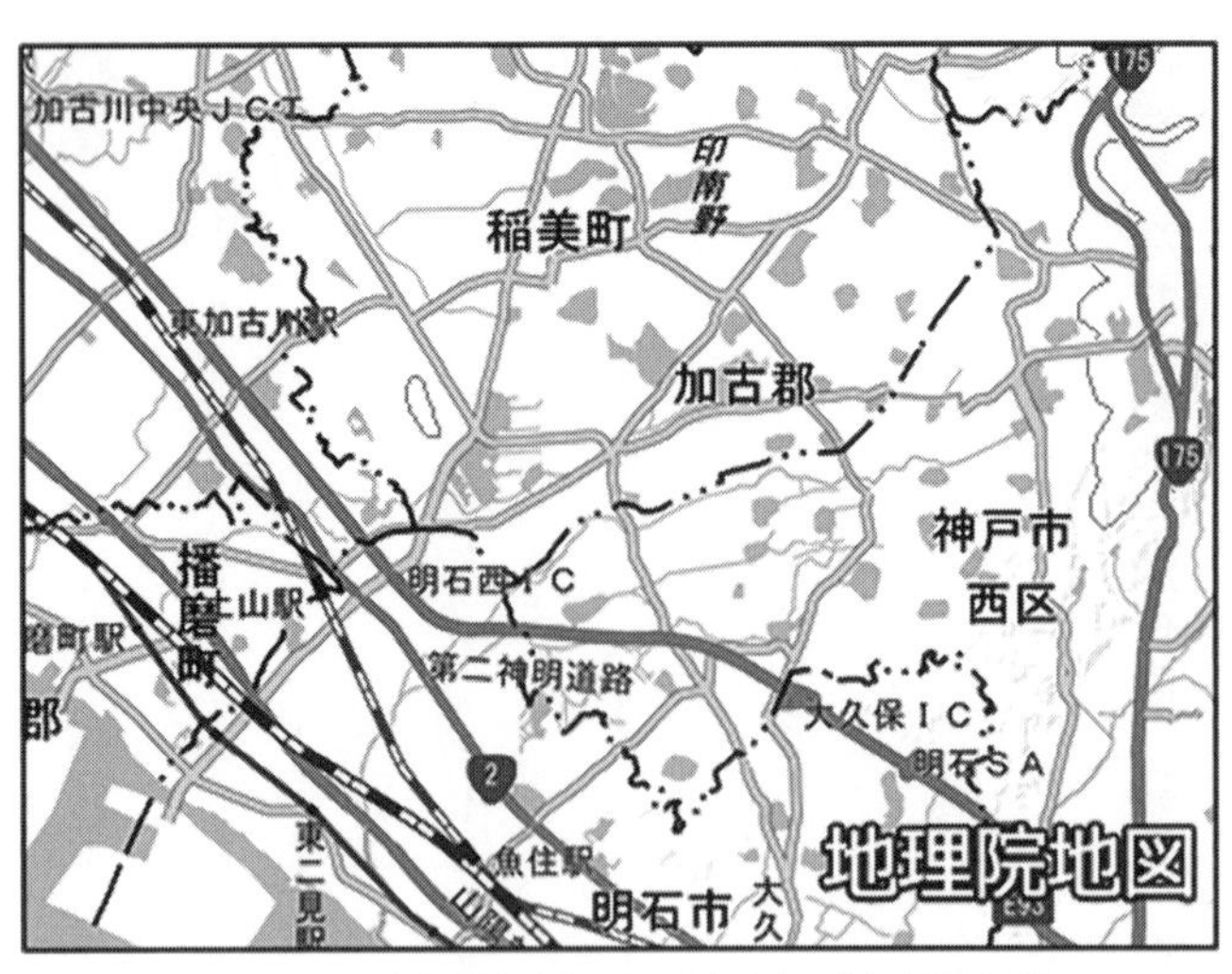

図４－１　東播磨地域のため池分布（地理院地図）

日本の中でため池が多いのは瀬戸内地域です。「なぜ瀬戸内地域に多いのか」に対する答えを出すには、瀬戸内地域というスケールに対応した条件を検討する必要があります。その点では、比較的降水量が少ない瀬戸内気候が理由として挙げられそうです。

次に、兵庫県東播磨地域にある印南野（いなみの）台地を取り上げましょう（図４－１）。東播磨は水田面積に対するため池の割合が日本一のため池地帯です。

「なぜ東播磨にため池が多いのか」。ここは、瀬戸内よりかなり小さいスケールです。この地域も瀬戸内気候で比較的降水が少ないことは共通しています。しかし、それだけではマクロな自然条件を検討したにすぎません。いなみの台地は複雑な形状の段丘が連なる台地で水利条件が悪く、わずかな雨水を無駄のないようにためる必要がありました。また、江戸前期、台地縁辺の親村から出た子村が多数成立し、周辺河川の水を非灌漑期にしか引くことを許されなかったのです。このように地域の地形や水利権などをスケールにあわせて検討しなければならないのです。

【引用文献】

浮田典良（一九七〇）「地理学における地域のスケール―とくに農業地理学における―」『人文地理』二二―四、四〇五―四一九頁

農林水産省ウェブサイト　〈URL〉https://www.maff.go.jp/j/nousin/bousai/bousai_saigai/b_tameike/

Smith, N. (2000) 'scale' in Ron Johnston, Derek Gregory, Geraldine Pratt and Michael Watts, eds., *The Dictionary of Human Geography*,4th Edition, Oxford: Blackwell Publishing, pp.724-727.

# 3 湧水と人々のくらし　百瀬川扇状地

「扇端には湧水帯があって…」という話を高校時代に聞いて、湧水帯への憧れが一気に爆発しました笑。

## 扇状地と言えば⁉

中学・高校時代の地理の時間、扇状地と言えば、扇央と扇端の特徴の理解がポイントでした。

土石流などが繰り返して形成される扇状地には、扇央に粗い土砂や岩が堆積しており、川の水は地中にしみこんで伏流するため乏水地となっています。そのため、扇央の土地利用は、かつては桑畑、今は果樹園などが多いとされています。逆に言うと、水田には向かなかったということです。

そして、扇状地の末端で平地につながる扇端には、伏流した水が再び地表に出てくる湧水帯があり、そのため集落が立地します。湧水と言えば崖下や谷頭という関東のイメージとは、若干異なると思います。

これ以外にも、扇状地を形成した暴れ川の流路を固定するため天井川が形成されていることも特徴でしょう。集落立地や扇状地上で営まれる産業（主に農業）は、自然環境と人々の生活という見方・考え方と大きく関連します。

## 生徒と一緒に

大阪の中・高に長く勤務した関係で、扇状地を扱う際に事例としたのは、滋賀県の百瀬川扇状地でした。大学時代の地理学の授業で、「百瀬川は扇端の湧水が豊かで…」というお話があって、湧水帯のことがとても気になっていたのです。一方で、学生時代には湧水のイメージが定まりませんでした。じわじわ湧き出しているのか、吹き出すように自噴しているのか、想像をめぐらせるだけでした。

就職してかなり経ってからですが、高校一年生の地理実習のフィールドとして、百瀬川扇状地に毎年訪れることになりました。百瀬川扇状地には深清水（図４－２）や大沼（図

4－3）など、水に関連した地名が見られます。いかにも湧水がありそうな地名です。また、なんと言っても生徒たちの印象に残るのは、天井川の下を貫くトンネルのようでした（図4－4）。

図4－2　深清水のイケ（標高90mくらい）（2020年筆者撮影）

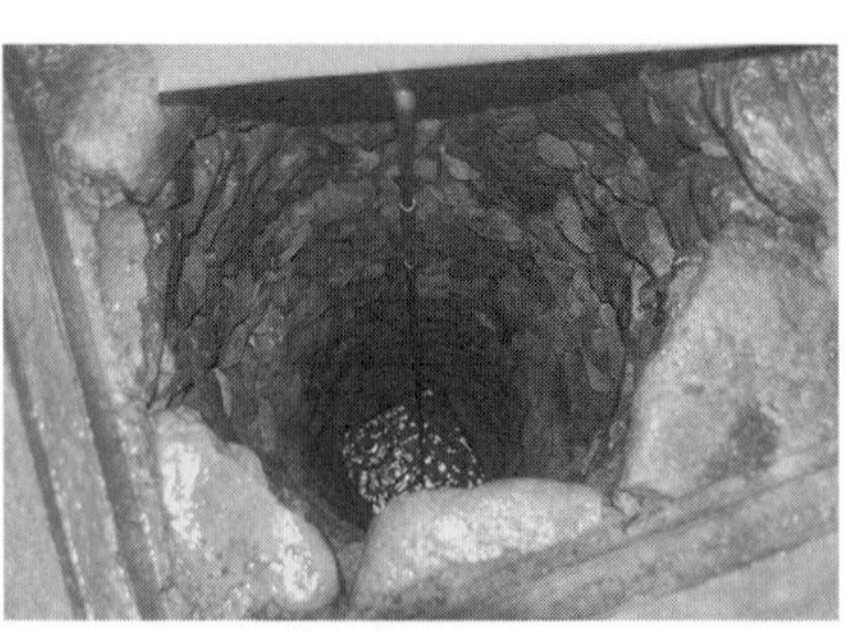

図4－3　大沼（標高100m）で見た井戸
深さが５mほどあった。下流側で湧水が見られるのは標高90mくらい。ここは扇央。（2005年筆者撮影）

## 教科書と違う百瀬川扇状地

百瀬川扇状地は、いくつかの教科書にも出てくる、扇状地の特徴が効率よく学習できるところです。古い地形図を見ると、扇央は桑畑ですし、現在も柿の栽培がさかんです。

その一方で、扇頂付近の頭首工から取水して灌漑し、扇央には旧河道を利用して水田が広がったり、別荘地が造成されたりしており、教科書に出てくる扇状地の特徴とは異なるものが見られます。ちなみに、黒部川扇状地でも水田が多く見られますね。

百瀬川でも、琵琶湖との間に広がる水田の圃場整備事業後には、湧水量が減ったそうです。人々の暮らしのために土地利用が変化する事例を含めて、自然と人々の生活の関係をとらえたいものです。

図４－４　百瀬川隧道
トンネルの上を左から右に向かって百瀬川が流れている。（2006年筆者撮影）

## 4 川か滝か？ 流量変化の大きい日本の河川

「これは川ではない。滝だ。」ってデ・レーケが言ったんじゃなかったんですね。

### デ・レーケでなくムルデル!?

坂東太郎と聞くと、歴史の先生なら佐竹義重と即答されるのでしょうか。しかし、ここは人ではなく川の話です。坂東（関東）にある日本一の暴れ川である利根川を坂東太郎と呼ぶことはご承知のとおりです。ちなみに、日本三大暴れ川は、坂東太郎のほか、筑紫次郎（筑後川）、四国三郎（吉野川）です。

「淀川の改修」、「木曽川の分流」、「大阪港、三国港、三池港等の築港計画」など、明治時代に約三〇年にわたって日本各地で河川改修や築港にあたったお雇いオランダ人技術者のヨハネス・デ・レーケは、富山県の常願寺川を「これは川ではない。滝だ」と言ったと

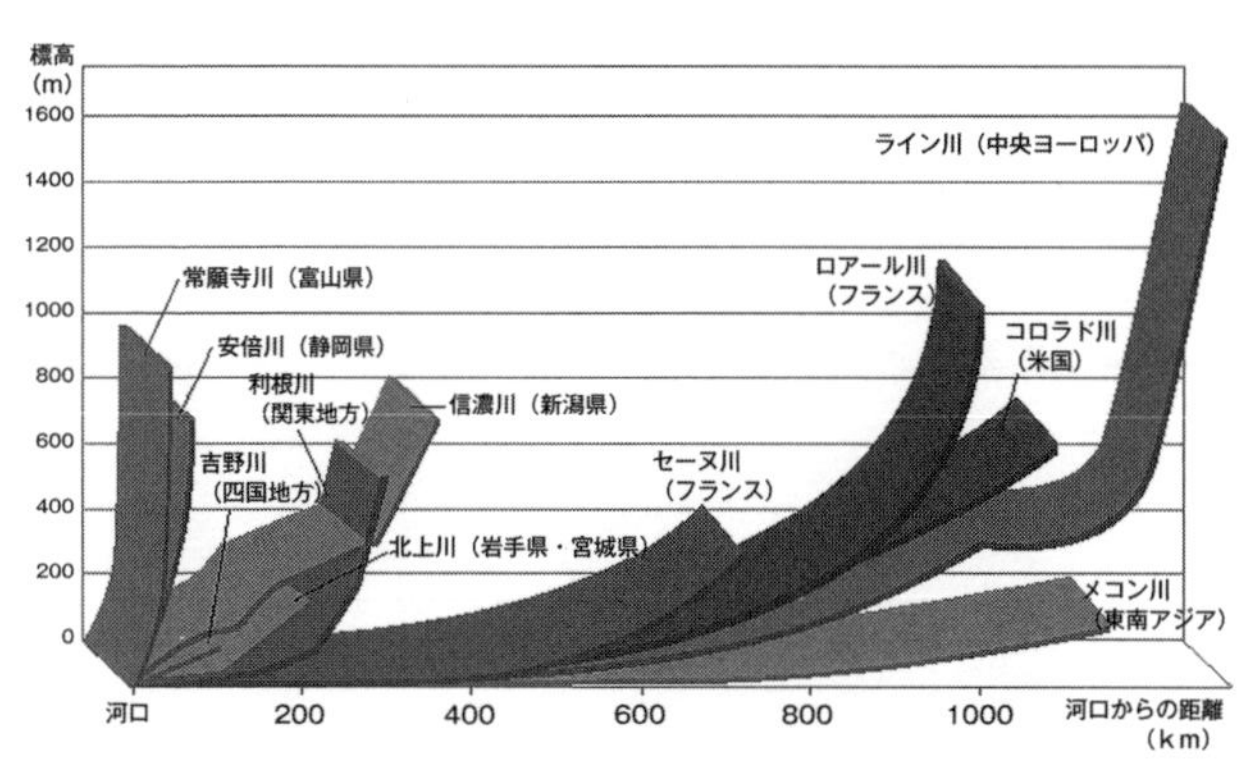


図４－５　諸外国と比べて急勾配の日本の河川
（『水害対策を考える』国土交通省 HP より）

されてきました。しかし、その後高田雪太郎ではないかという説を経て、現在ではオランダ人技師のムルデルが、それも常願寺川ではなく早月川のことを言ったのだという説が有力なのだそうです。一八八八年と一八九〇年の富山県議会議事録から読み取れるという学説を、二〇二〇年に富山県の貴堂巌さんが打ち出して、決着を見ようとしているという記事を読みました（北日本新聞二〇二〇年八月一六日）。

誰が言ったにしても、日本の河川が短くて急流であるという特徴を言い当てていることには変わりません。教科書にもよく掲載されている、日本の河川と世界の代表的な河川比較の図（図４－５）と組み合わせて、滝のような川を、日本の河川の特徴として教えてきたと思います。

## 流れが速く、流量変化が大きい

日本の河川が急勾配であることはわかりました。日本の河川は、短くて流速が速いので、降水があった後に、水かさが一気に増します。また、短時間で海に流れてしまいます。

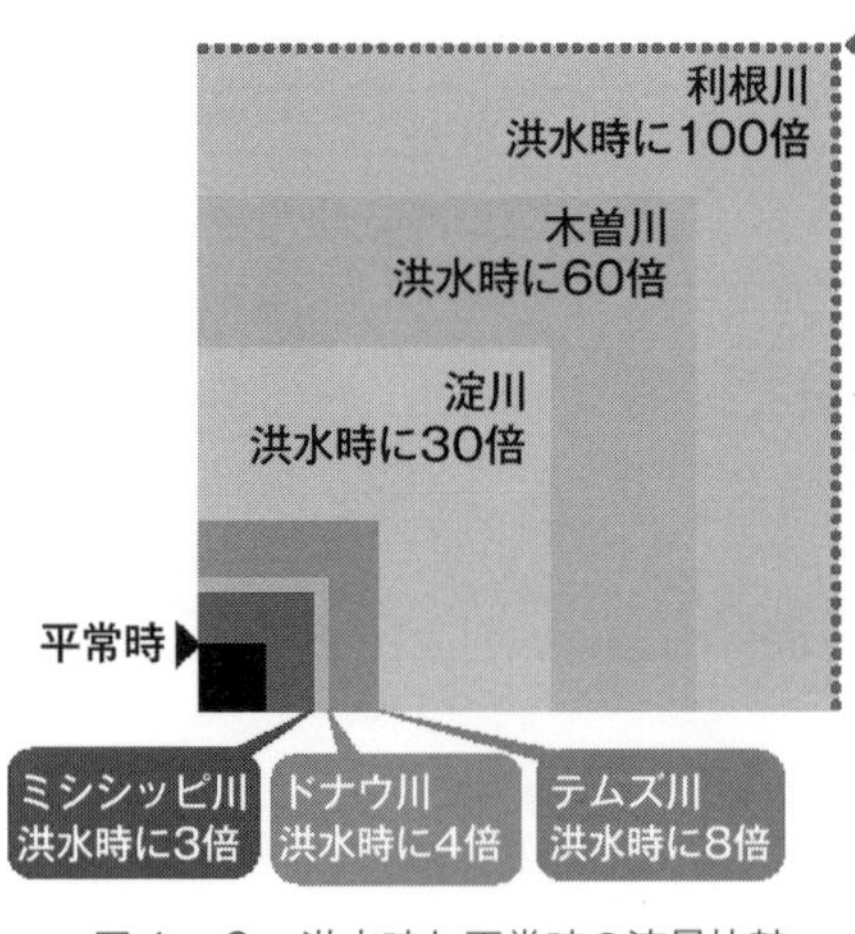


図４－６　洪水時と平常時の流量比較
（『国土交通白書』2016）

高校の地理教科書に登場する「河況係数」は、日本では一年間の最大流量と最小流量の比を表しており、年によって変動が大きくなります。秋山ほか（二〇〇四）によると利根川は九三〇、木曽川が八七〇、吉野川に至っては五〇六〇です。もう少し、私たちの生活感覚に近い数字として、平常時の流量と洪水時の流量を比較すると、関東平野を流れる利根川では一〇〇倍、中部地方の木曽川では六〇倍、近畿地方の淀川でも三〇倍と、日本の河川は総じて平常時と洪水時で河川の状況が大きく変わることがわかります（図4－6）。一方、海外の河川に目をやるとミシシッピ川では三倍、ドナウ川で四倍、テムズ川で八倍となっています。

日本の年間平均降水量は約一七〇〇ミリで世界の平均降水量約九七〇ミリの倍近い値です。しかも、日本の降水は梅雨期と台風期に集中します。このような降水パターンが土石流のような激しい土砂の移動にも結びつくことがあります。治水の重要性がわかりますね。

【引用文献】

秋山紀一・池田智・関口宏道・花永明・油谷耕吉（二〇〇四）『川と文化―欧米の歴史を旅する』玉川大学出版部

# 5 エベレストの登山シーズンはいつ？

富士山の登山シーズンは夏。それはなぜだかわかります。ではエベレストの登山シーズンはいつ？　それも夏!?　まさか冬ではないですが、簡単に夏だとも言えない。さてそれはなぜでしょうか。

## 富士は日本一の山

富士山には十回ほど登ったことがあります。ほとんどは中学校教員だったころの行事引率です。「富士に登らぬ馬鹿、二度登る馬鹿」などと言われるように、多くの人にとってどうやら富士山は眺める山なのでしょうか。

三七七六メートルの富士山。各地に〇〇富士と言われる山もあります。最も低いのは、秋田県大潟村の大潟富士でしょうか。大潟富士は八郎潟干拓地につくられた人工の山で、標高０メートル。ただし、比高は３・７７６メートルというオチがついています。

ところで富士山の登山シーズンはいつでしょうか。ズバリ夏です。七月の山開きから、九月はじめまでが一般的な登山シーズンです。私が登ったのもすべて夏の富士山です。

自然は人間の生活に影響を与えます。また、自然から影響を受けたため地域の景観が変わることもあります。このことを、人間と自然環境との相互依存関係（地人相関論）と言います。

## 各大陸の最高峰は

子どもたちに、地図帳を使って各大陸の最高峰を調べてもらいましょう。アジアはエベレスト、ヨーロッパはエルブルス、北米はデナリ、南米はアコンカグア、そしてアフリカはキリマンジャロです。これら五大陸最高峰の中で最も登山しやすいのは登頂率約五〇％のキリマンジャロのようです。

五大陸最高峰のうち登山シーズンが最も長いのは？　そしてその理由は？　と聞き、地図帳で調べて仮説を立てようと言うと、案外キリマンジャロだという答えと、赤道直下で季節の変化が少ないからという答えが返ってきます。

赤道に近く、傾斜が緩いため、登山道も多数整備されています。イモトアヤコもまずキリマンジャロに挑戦しました。登山シーズンも年間のうち半年くらいと長期にわたります。中学生や高校生なら、気候区分図を見て、サバナ気候だから雨季よりも乾季の方が登りやすいので、乾季に当たる十二～三月と七～九月という答えを出すことも可能かもしれません。

## エベレストの登山シーズンは？

それでは本題。まずは、二〇一五年のネパール地震が起こった四月末の写真を探しましょう。ウェブで検索すればすぐに見つかります。ベースキャンプにカラフルなテントが沢山写っているものがよいでしょう。それらを見せて、「エベレストの登山シーズンはいつか」と問います。夏だろうと答えるでしょう。次に、実は多くのテントが写っているこの写真は、四月末のものであると告げます。そして、エベレストの登山シーズンは五月であることも話したうえで、エベレストの登山最適期が五月なのはなぜか？と問いましょう。

さて、実際五月に登頂者が多いのは Wikipedia に掲載されている登頂者一覧を見れば一目瞭然です。

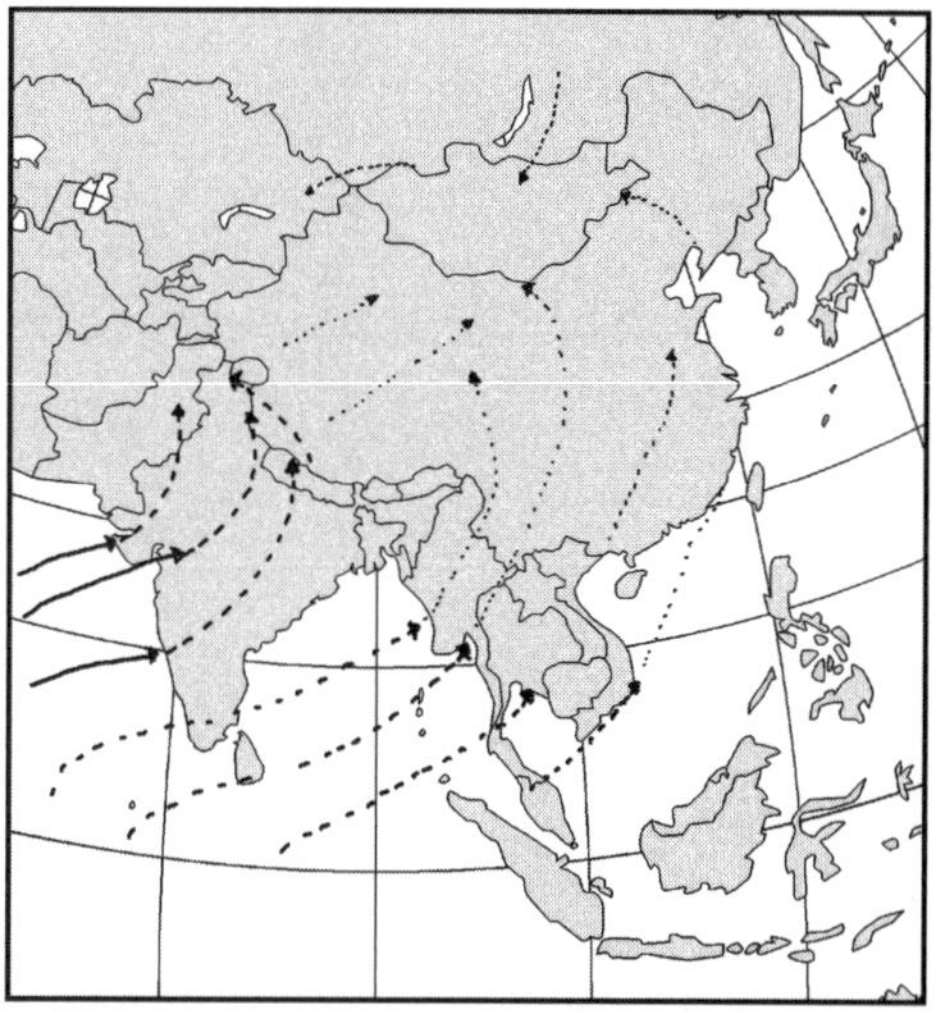

図４－７　アジア地域の季節風　7月
（*Diercke International Atlas* を参照して筆者作成）

ヒントは地図帳にある！と地図帳から根拠資料を探させて、説明させましょう。図４－７は、*Diercke International Atlas* を参照して七月の季節風を表したものです。

さて、この季節風がもたらす降水がポイントです。七月は南西からのモンスーンによって多くの降水がもたらされるのですが、これが高山では降雪となります。つまり、富士山の登山時期である七～八月は、モンスーンの影響で大雪のシーズンだというわけです。

つまり、その季節の前後が登山シーズンになるということです。エベレストの場合、登山開始から登頂までは四～八週間かかるそうで、そのため四月末に多くのテントがあるのです。

# 6 アメリカの農業

飛行機で種まき。超大型コンバインで収穫。水やりはどうやるの？　大規模化しても家族経営なんですね。

## 農地をどのように利用している？

米国の主要農産物は、とうもろこしと大豆（ともに世界一位）、小麦や牛肉、豚肉などです。

表4－1は、米国の農地利用状況を示しています。農地面積は国土面積の四〇％程度を占めています。耕地面積が農地面積に占める割合は約四四％で、永年牧草地・放牧地が農地面積の約四五％です。農地面積のうち、実際に耕地利用しているものが四〇％程度に過ぎず、生産能力を温存しているとも考えられます。

表４－１　米国の農地利用状況

| | 面積（エーカー） | 農地面積に占める割合（%） |
|---|---|---|
| 農地全体 | 900,217,576 | |
| 耕地面積 | 396,433,817 | 44.0 |
| 　収穫がなされた耕地面積 | 320,041,858 | 35.6 |
| 　牧草地・放牧 | 13,825,975 | 1.5 |
| 　その他 | 62,565,984 | 7.0 |
| 林地 | 73,092,054 | 8.1 |
| 永年牧草地・放牧地 | 400,771,178 | 44.5 |
| 農場・建物・家畜関連施設等 | 29,920,527 | 3.3 |

（USDA (2019) 2017Census of Agriculture より筆者作成）

表４－２　米国の農場（牧場含む）規模別戸数とその割合の変化

| 農場・牧場の規模 | 2017年（戸，%） | | 2012年（戸，%） | |
|---|---|---|---|---|
| 1～9エーカー | 273,325 | 13.4% | 223,634 | 10.6% |
| 10～49 | 583,001 | 28.5% | 589,549 | 27.9% |
| 50～179 | 564,763 | 27.7% | 634,047 | 30.1% |
| 180～499 | 315,017 | 15.4% | 346,038 | 16.4% |
| 500～999 | 133,321 | 6.5% | 142,555 | 6.8% |
| 1,000～1,999 | 87,666 | 4.3% | 91,273 | 4.3% |
| 2,000以上 | 85,127 | 4.2% | 82,207 | 3.9% |
| 合計 | 2,042,220 | 100.0% | 2,109,303 | 100.0% |

（USDA (2019) 2017Census of Agriculture より筆者作成）

## 巨大農場しかない米国？

米国農業のイメージは、カーギルなどの穀物メジャーによる巨大農場での適地適作でしょうか。機械化された農場や牧場のイメージがありますね。

表4－2は米国の農場（牧場を含む）の規模別戸数とその割合、さらにその最近五年間の変化を示しています。表のデータに農業センサスの情報を少し足しながら特徴を見てみましょう。

まず、最大規模農場（二〇〇〇エーカー≒八〇〇ヘクタール）は八万五千戸ほどですが、割合にすると全体のわずか四％です。しかし、合計農地面積が全農地面積に占める割合では全体の五八％を占めます。一方、最小規模農場（一～九エーカー）は二七万三千戸ですが、面積はわずか〇・一％です。

次に、二〇一二～一七年の五年間で最も割合が増えているのは最小規模農場です。一方、五〇～九九九エーカーの農場割合は減っています。全米の農家戸数は五年で約七万戸減少していますが、最小規模農家は五万戸、最大規模農家は三千戸増えており、両極化が進んでいるようです。

全農場のうち、生産額が一〇〇万ドル以上の農家は七万六八六五戸あり、全体の三・七％ですが、これだけで総生産額（三八九〇億ドル）の三分の二を占めています。それに対して、五万ドル未満の農家は一五六万戸（全体の三分の二）あり、総生産額のわずか二・九％です。平均農業収入は四万三〇五三ドルで、黒字経営農家は全体の四三・六％と、半分に満たないのです。

## 米国の農業人口は？

表４－２から農場数が約二〇四万戸であることが読み取れます。それでは、米国の生産者数はどれくらいでしょうか。

ア　約三四万人　　　イ　約三四〇万人　　　ウ　約三四〇〇万人

答えはイの三四〇万人です。米国の人口は三億二八四〇万人ですから、農業人口は約一％です。一農場あたり一・七人程度です。テクノロジーの進歩で農場は大規模化が進み、人手も必要なくなりましたが、種蒔きや収穫等一時的には人手が必要なこともあります。季節労働者の多くは地続きのメキシコからが多いのですが、不法移民問題に加え、感染症拡大でどのように確保するのかも課題になっています。

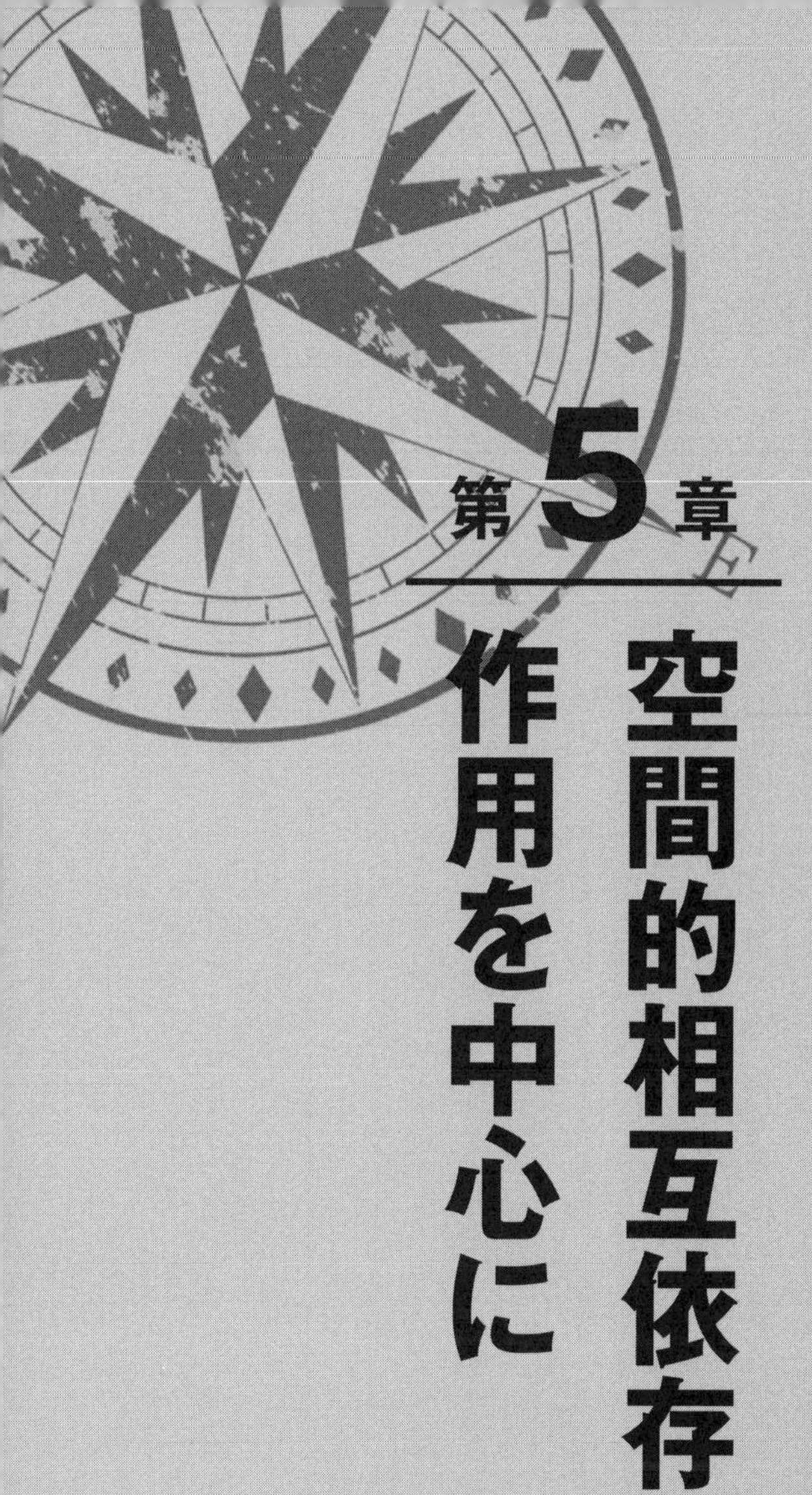

# 第5章

# 空間的相互依存作用を中心に

# 1 感染症の拡大と地理教育

新型コロナウイルス感染症は、二〇〇九年の新型インフルエンザ以来のパンデミックとなりました。急速な感染拡大は、世界中のヒトやモノの結びつきがいかに密であるかを再確認させました。

## 空間的相互依存作用とは

新型コロナウイルス感染症（COVID‐19）は、瞬く間に世界各地に広がり、世界保健機関は二〇〇九年の新型インフルエンザ以来のパンデミックという表現を使用しました。ヒトからヒトへの感染のため、その広がりはいかに交通等によって人々が結びついているのかを示すことにもなりました。分布域が急速に広がるのは、各地が密に結びついているからです。

都市などの場所は、資源や情報を交換するために交通網や情報通信網により結ばれています。空間的相互依存作用は場所間の結びつきによって起こるものです。この視点は、現代世界の問題を浮き彫りにしたり、国際的な関係改善へのアイデアを提起するきっかけになったり、あるいは貧困と富裕、人類の福祉への深い理解をもたらしてくれます。今回の感染症の拡大を、社会の中で費用やリスクをどのように分かち合うのかという政治的、経済的な問題だと考えると、空間的相互依存作用という見方・考え方との関連が一層見えてきます。そして、これは日本一国で解決できる問題ではありません。

## 地理教育の内容としての感染症

台湾の高校生向け防災教育テキストである『高中防災教育』（國立臺灣師範大學図書館出版中心）には、伝染病という章が設けられています。主な感染症の紹介だけではなく、感染症が流行した時に、政府のどのような機関がどのような防疫態勢をとるのかということも具体的に記されており、日本の小学校社会科で事件や事故が起こった時の学習内容とも共通するところがあります。このテキストの著者は、台湾師範大学地理学系の先生が中心です。

シンガポールでも、後期中等教育のO（ordinary）レベル地理シラバス2023で、人文地理のテーマの一つに健康と疾病が取り上げられていました。マラリアやＨＩＶを題材に、今後の感染症の広がりをどのように管理するのかを人文地理のテーマとして設定しており興味深いです。

問い１：健康と疾病の世界的パターンとは何か？

問い２：感染症の拡大とインパクトには何が影響するか？（マラリアとＨＩＶに焦点化して）

問い３：我々は感染症の現在と将来の蔓延をどのように管理できるか？

という三つの大きな問いを立て、主要な疾患の空間的広がりやその対策に関して調べる探究的な学習が想定されているようです。

生徒は、様々な基本的概念に関する学習とともに、貧困、医療サービスへのアクセスの欠如、および蔓延の速度と要因に影響を与える気候変動などの自然環境、感染症拡大の根底にある原因を調べます。この探究的な学習を通して、生徒は人々が医療サービスなどの資源へのアクセスが不平等で、病気に対して様々なリスクに直面していることを理解します。彼らはまた、感染症への対応において個人、地域社会、国家がどのように集団的責任を行使する必要性があるのか評価します。

## 公衆衛生と地理教育

そもそも公衆衛生と自由や人権とは、ある程度相容れないものなのかもしれません。感染症の蔓延を防ごうとすると、人権や自由に制約がかかります。効率と自由や人権のバランスは、かなり難しい問題でしょう。ヒトやモノの移動自体を社会科や地理で扱うことに抵抗がない一方で、ヒトやモノの移動制限に関して政治問題として扱う場合には慎重になります。地域間の結びつきの促進や抑制を、社会の中で費用やリスクをどのように分かち合うのかという政治的、経済的な問題としてとらえればよいのかもしれません。個人、地域社会、国家、さらに国境を越えた機関が、どのように責任を負うのかを考える学習が、感染症を地理の学習問題として取り扱う際のヒントになるのではないでしょうか。

【引用文献】

Singapore Examinations and Assessment Board (2023) Singapore–Cambridge General Certificate of Education Ordinary Level (2023) Geography (Syllabus 2236)

2

# オリンピックをここで？　なぜそこで？　次はどこで？

オリンピックはどんな都市で開かれてきたのでしょうか。そして、なぜこのタイミングで東京でオリンピックが開かれたのでしょうか。

## オリンピックの想い出

一九六二年生まれの私には、一九六四年開催東京オリンピックの記憶はありません。一九七二年札幌オリンピックの笠谷、金野、青地の日の丸飛行隊の記憶は鮮明です。テーマソングの『虹と雪のバラード』に、「町ができる　美しい町が」「生まれ変わる　サッポロの地に」という歌詞は、大阪在住の小三には万博のようになったのかなと思う程度でした。オリンピックはインフラ整備事業でもあったのです。

## 変化するオリンピック開催都市

町村（二〇〇七）は、「１９６０年以降のオリンピック開催都市を経済発展の段階（アメリカ合衆国の一人当たりＧＤＰに対する比率）に基づいて分類すると、それらは、『２割国型の首都』による国家の威信発揚オリンピック、『６割国型の非首都』による成長する広域圏中心都市オリンピック、そして『10割国型の非首都』によるグローバル・シティ・セールス志向のオリンピックに分けられる」と述べます。しかし、近年は傾向が異なり、ロンドン（二〇一二年）はこの半世紀で初めての「10割型の首都オリンピック」（町村、二〇〇七）、東京（二〇二〇年）、パリ（二〇二四年）もそれに続くこととなります。これまでの五輪とは異なり、グローバル・シティが二巡目の五輪に手を挙げ始めています（表５－１）。何らかの限界を打ち破ろうとするモダン都市は、五輪というメガ・イベントを上手く利用し、その隘路から抜け出せるのでしょうか。社会科の授業では、東京五輪をどう扱えばよいのでしょう。

## オリンピック学習での問い

表５－１　五輪の開催地

| 開催年 | 開催都市 | 州 | 一人当たりＧＤＰ対米比率 |
|---|---|---|---|
| 1960 | ローマ | 欧 | ２割国型首都 |
| 1964 | 東京 | **亜** | ２割国型首都 |
| 1968 | メキシコシティー | 北米 | ２割国型首都 |
| 1972 | ミュンヘン | 欧 | ６割国型非首都 |
| 1976 | モントリオール | 北米 | 10割国型非首都 |
| 1980 | モスクワ | 欧 | ２割国型首都 |
| 1984 | ロサンゼルス | 北米 | 10割国型非首都 |
| 1988 | ソウル | **亜** | ２割国型首都 |
| 1992 | バルセロナ | 欧 | ６割国型非首都 |
| 1996 | アトランタ | 北米 | 10割国型非首都 |
| 2000 | シドニー | **大洋** | ６割国型非首都 |
| 2004 | アテネ | 欧 | ２割国型首都 |
| 2008 | 北京 | **亜** | ２割国型首都 |
| 2012 | ロンドン | 欧 | **10割国型首都** |
| 2016 | リオデジャネイロ | **南米** | ２割国型旧首都 |
| 2020 | **東京（2021？）** | **亜** | **10割国型首都** |
| 2024 | パリ | 欧 | **10割国型首都** |
| 2028 | ロサンゼルス | 北米 | 10割国型非首都 |

（町村（2007）を参考にして作成）

オリンピック学習に三つの問いを設定します。

①オリンピックはどのように広がっていく？

ヨーロッパや北米のローカルイベントだったオリンピックが、アジアやオセアニアへと広がるのを年代別に整理します。先述の町村は、一九〇〇年から四年毎に整理しています。

②なぜ今東京オリンピックなの？

オリンピックで見込まれる利益を探ります。New Key Geography Interactions（イングランドKS3地理テキストブック、二〇〇六年 Nelson Thornes 社発行）には、二〇一二年ロンドンオリンピックを見据え、「ファッションとスポーツ」のグローバル化を学習する単元があり、ロンドンの地域再生への支援と住民の生活の質向上のためにできることを提案することが学習課題として提示されます。ロンドンオリンピックでは、最も貧しく、最も剥奪された東部地区を開発し、多くの職と住宅の供給が強調されました。東京は？　他の立候補都市とも比較しながら、ローカル、都市、ナショナル、グローバルな視点から、どのような影響が出るのかを考えたいです。

③今後オリンピックに立候補する都市は？

オリンピックに立候補する都市は、何を目論んでいるのでしょう。脱工業化時代にオリンピックというメガ・イベントを利用して、何処がどのように変わろうとしているのか？　10割型の首都は続くのか？　落選都市も含めて吟味したいところです。

【引用文献】

町村敬志（二〇〇七）「メガ・イベントと都市空間―第二ラウンドの「東京オリンピック」の歴史的意味を考える」『スポーツ社会学研究』一五、三―一六頁

3

# 海か湖か？　それは政治が決めるんです…　カスピ海

カスピ海は世界最大の湖と教えてきました。二〇一八年八月からカスピ海は事実上の海になりました。え！　地図帳には湖となっていますけど？　どうやら新しい概念のようですよ。

## もともとは海？

二〇一八年七月に拙編著本である『本当は地理が苦手な先生のための中学社会地理的分野の授業デザイン&実践モデル』（明治図書）を上梓しました。その一か月後、二〇一八年八月、カスピ海は事実上の海となりました。実はこの本にカスピ海が海か湖か沿岸国で協議していること書いたのです。上梓して一か月で状況が変わりました。但し、今でも地図帳には堂々と世界最大の「湖」だとされています。それは今回の合意で海とも湖とも定義されなかったからです。地史的には、カスピ海は、黒海、アラル海と並んでテチス海

表５－２　カスピ海の法的地位・領有権

ア：アゼルバイジャン，イ：イラン，カ：カザフスタン，ト：トルクメニスタン，ロ：ロシア

| | | |
|---|---|---|
| ソ連時代 | 1940.3 | ソ連，イ：「通商・海洋航行協定」締結 |
| | 1970年代 | ソ連石油工業省によるカスピ海資源調査・開発のための共和国別セクター分け |
| | 1991.12 | ソ連解体 |
| 共同管理（ロ，イ）vs セクター分割（ア，カ，（ト）） | 1993.10 | ロ：カスピ海共同開発構想 |
| | 1996.11 | ロ：沿岸から45マイルまでの排他的経済水域を認め，中央を共同管理とする「ドーナツ分割」妥協案提案するも否決 |
| 海底中間線分割（ロ，ア，カ）vs20%均等分割（イ，（ト）） | 1998.2 | **カ，ロ：海底分割，海上は共同利用とする旨で基本合意** |
| | 1998.3 | **ア，ロ：カスピ海海底分割の方針で基本合意** |
| | 1998.7 | **カ，ロ：「北カスピ海海底分割協定」に調印　イ，ト：遺憾の意を表明** |
| | 2001.11 | カ，ア：カスピ海海底境界確定に関する条約に調印 |
| | 2002.4 | カスピ海領有権問題に関する初の沿岸５カ国首脳会議開催 |
| | 2002.9 | **ア，ロ：カスピ海海底境界確定に関する条約に調印** |
| | 2003.5 | **ロ，カ，ア：「カスピ海底隣接エリアの境界画定各線の設定に関する議定書」に調印　カスピ海北部海底の分割完了** |
| | 2007.10 | 沿岸５カ国のみがカスピ海に対し主権を有すること等を謳った「テヘラン宣言」が採択されるも，法的地位問題について具体的進展なし |

（輪島（2008）p.12を一部省略）

（古地中海）だったとされており、元は海だったようです。さて、事実上の海とはどういうことでしょうか？

## 領海のある湖？

当初カスピ海を共同管理したいと考えていたロシアやイランは、湖には領海が馴染まないという考えも主張しました。その後、カスピ海を取り巻く五カ国のうちイラン以外は海を主張します。しかし、そもそもアメリカ合衆国とカナダ間の五大湖には、湖の中に国境線があります。湖でも、沿岸国の協議で、国境を設定できるのです。ということは、カスピ海が海か湖かという問題は、法的には決着がつけにくい問題で、本来それほど大きなものではありません。結局、沿岸国の政治的・経済的駆け引きから妥協点を見いだして合意

するしかないのです。

## ロシアはすでに無関心？

前頁の表を見ると、ロシアが二〇〇三年にはすでに境界画定をして、カスピ海北部の海底分割を完了していることがわかります。この時点で、ロシアにとってカスピ海は実質海で、領有権問題にも一定の決着をつけたと考えていたのではないでしょうか。問題はカスピ海南部、特にイランの立ち位置です。

二〇一八年八月に開かれたカスピ海サミットでは、（1）各国沿岸から十五カイリ（約二十八キロ）をそれぞれの領海、二十五カイリを排他的漁業水域とする、（2）沿岸国以外の軍がカスピ海に入るのを認めない、（3）領海外の地下資源の分配については継続協議とし、湖底へのパイプライン設置は当事国同士の合意で認める、ということが骨子とされています。

## 授業での問い

今回カスピ海の領有権問題に決着がついたのは、イランの妥協が大きな理由です。授業では、「なぜイランは二〇一八年のカスピ海の法的地位に関する協定に合意したのか」という問いを設定するのはどうでしょうか。

前述の三つのうち、沿岸国以外の軍がカスピ海に入るのを認めないというのは、トランプ政権から制裁を受けていたイランにとって、カスピ海での安全保障が確約されたことでもあり、一定の成果だととらえたということでしょう。カスピ海のみならず、資源問題は、各国の複雑な関係によって結びつく空間的相互依存作用の問題です。

【引用文献】
輪島実樹著／ユーラシア研究所ブックレット編集委員会企画・編（二〇〇八）『カスピ海エネルギー資源を巡る攻防』東洋書店

# 4 グローカリゼーション　マクドナルド、ポッキー

マクドナルドが世界の食事を均質化する？　それとも、マクドナルドは世界各地の食事を多様化する？　「食」を例に、グローバル化の問題を経済や文化の側面から多面的に考察してみましょう。

## マクドナルドが世界を征服する？

東西冷戦構造の崩壊によって、ヒト、モノ、カネ、情報の地球規模での流動が飛躍的に増大しました。いわゆるグローバル化が進展し、すでにそれは常態化しています。グローバル化は合理性や効率等を最優先する風潮があるため、世界中がアメリカ化、マクドナルド化し、地域の伝統的で固有な食を駆逐するという主張もなされてきました。つまり、グローバル化の発信源は欧米をはじめとする先進諸国で、発信源に対して受け手があるとい

う想定をしています。そのため、教科書に書かれている「食」や「文化」の問題は、グローバル化によって「均質化」するという文脈で書かれているかもしれません。しかし、実際にはグローバル化はローカル化と同時に進行し、むしろグローバル化が多様性を生むというという主張もできます。そういえば、日本向けのメニューや味付けというものがありますね。

## グローカリゼーション

グローカリゼーションという言葉は、日本企業がとっていた海外戦略（つまりもともとは和製英語）がはじまりで（上杉、二〇〇九）、企業が海外で営業する際に、現地の文化をよく知って「現地（ローカル）化」することが元になっています。グローカリゼーションとは、グローバル化とローカル化が同時または連続して、かつ相互に影響しながら進行することです。

例えば、マクドナルドは日本で「てりやきマック・バーガー」などをご当地メニューとしています。これ以外にも、季節メニューが他国よりも豊富だという特徴があります。グローバル化によって、日本というローカルな場に到達した企業は、ローカルな需要や四季が明瞭な日本の気候に対応してご当地メニューをつくり出します。上田ほか（二〇一九）によると、現在はＣＡＧＥ理論という国ごとの差異を文化的（Cultural、宗教、民族など）、制度・政治的（Administrative、法的、政治的規制など）、地理的（Geographical、物理的隔たり、気候など）、経済的（Economic、労働コスト、賃金水準など）の四側面からモデル化する分析枠組が普及しており、その結果にＡＡＡ戦略を適用するセミ・グローバリゼーション戦略です。三つのＡは、Ａdaptation（特殊性に適応する戦略）、Aggregation（複数の国を一市場とみる集約化戦略）、Arbitrage（サプライチェーンの構成要素を異なる国に置く戦略）です。

## なぜ Rocky は Pocky になった？

マレーシアだけで販売されていたグリコの Rocky が二〇一四年あたりから本家の Pocky に統一されました（ヨーロッパでは今も MIKADO）。イスラーム教の食のタブーである豚肉（pork）を連想させるので Pocky を使わなかったようです。一九七〇年頃から Rocky ブランドで販売されてきたのですが、グローバル戦略の一環で名称を Pocky に統一したようです。どうして Rocky をやめたのでしょうか。先ほどのＡに当てはめると、複数の国を一市場と見る集約化から、統一したＰＲが実施できるためでしょうか。これは、グローバル化とローカル化のバランスをとっている例かと思われます。

## 授業デザインへ

次の問いでグローカリゼーションの授業デザインを試みてみましょう。

①私たちの食はどのように均質化しているのか。
②なぜマクドナルドはご当地メニューを設定しているのか。
③なぜＲｏｃｋｙはＰｏｃｋｙになったのか。

【引用文献】

上杉富之（二〇〇九）「「グローカル研究」の構築に向けて―共振するグローバリゼーションとローカリゼーションの再対象化」『日本常民文化紀要』二七
上田隆穂・竹内俊子・山中寛子（二〇一九）「日系食品企業のセミ・グローバリゼーション戦略―ｗｅｂ調査による仮説探索と江崎グリコ株式会社インタビューによる探索仮説の議論」『学習院大学　経済論叢』五五―四

## 5 ライン、グリッド、ハブ＆スポーク、そして？

COVID－19の影響で、私たちの移動は大きく制限されました。移動できないことを前提にした生活を考えるたりすることも多いですね。移動はどのように効率化されてきたのでしょうか。

### 航空交通網の発達

①ライン型では、航続距離が短いため途中で給油しつつ最終地点までをつないでいました。複数地点での需要が高まると、主要な目的地に人や物を直接運ぶネットワークが必要

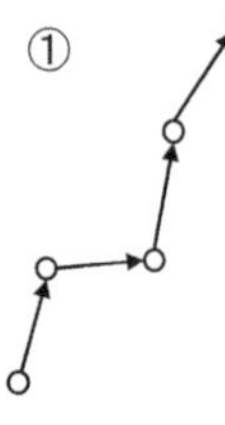


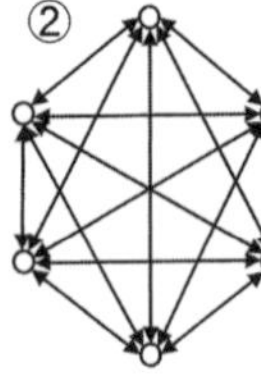


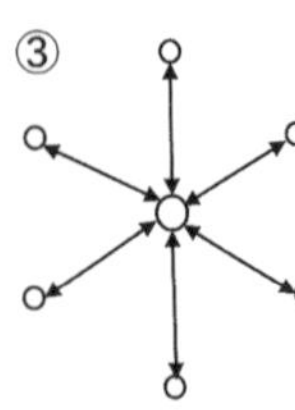


図5－1
様々なネットワーク

となります。それが②グリッド型です。市場が大規模化すると②では輸送コストや人件費がかかるようになります。そのため、コスト削減とネットワークの効率化を図ったのが③ハブ&スポーク型です。②と③を比べると②の方が空港の数が少ないにもかかわらず、路線が多いのがわかります。

##  ○○からニューヨークへ

かつて大阪府北部の中学校での授業で、大阪、福岡などの府県内空港からニューヨークへ行くにはどのようなルートになるかをグループごとに考えるアクティビティがありました。

大阪グループからは、関空↓ＮＹダイレクトや、伊丹↓成田（羽田）↓ＮＹというルートがすぐに出てきます。

その後、インターネットで調べてもらうと、伊丹↓羽田↓ロサンゼルス↓ＮＹ、伊丹↓羽田↓ダラス↓ＮＹ、関空↓オランダ／スキポール↓ＮＹという乗継便や、羽田や成田経由だけではなく、関空から韓国の仁川経由や、香港経由などが出てきます。ハブ&スポークシステムの学習によいネタです。

## ハブ＆スポークシステム

一九八〇年代後半から、大手航空会社は、輸送効率を上げるために拠点になる空港を設定するようになりました。アジアであれば、日本航空や全日空（デルタ航空やユナイテッド航空）が東京／成田、大韓航空やアシアナ航空がソウル／仁川、キャセイパシフィック航空などが香港、中東であればエミレーツ航空がドバイ、ヨーロッパではルフトハンザ航空がフランクフルトをハブ空港としています。ハブ空港には、着陸料の増収、限られた航空機の有効活用、乗継ぎ利便性の高さなどのメリットがあります。またエアバスＡ３８０のような大型機の就航で、主要都市間で快適な空の旅ができます。反面、乗継ぎ前提でダイヤを組む必要があり、幹線での遅延は、ハブ空港から地方空港への遅延の連鎖を招きます。大型機は搭乗率八〇％でも百席単位の空席となり、収益安定も難しくなるようです。

## ポイントトゥポイントシステム

この授業を受けた生徒は、大手航空会社の多くがハブ＆スポークシステムを採用していること、日本以外の大手航空会社を利用すると、その会社の本国等にあるハブ空港経由になることには気づいたようです。

一方、インターネットで路線の検索をすると、ＬＣＣとの価格差に驚きます。「なぜこんなに安いの？」「機内食がないから？」「飛行機まで歩いて行くから？」「何でも別料金だからでは？」

ボーイング７８７に代表される中型低燃費で航続距離が長い新型機の開発は、ポイントトゥポイントシステムに移行することを見越した戦略です。②と似ていますが、航空機の航続距離が伸びて、より広範囲になっています。乗継ぎ待ち時間などを考慮する必要がないため、運行ダイヤを柔軟に設定でき、停留料が節約できるわけです。乗客にとっては乗継ぎ無しですから便利でインパクトがあります。ＬＣＣにはこのシステムを採用して成長しているところがあり、近年大手航空会社もハブ＆スポークと組み合わせています。

## 航空交通システムの未来は

コロナ禍で移動や交通はそれ以前と大きく変わりました。空の結びつきが今後どうなるのか、航空交通システムの変化から今後の空間的相互依存作用の変化を予想してみてはどうでしょうか。

# 6 サプライチェーンの可視化に加えて？

自動車工業の関連工場。ピラミッド構造だと思っていたら、ダイヤモンド構造でした。

## アジャイルとレジリエンス

大手広告代理店に勤務している教え子に、これからこんな教員を育てたいのだけれどアドバイスをくれないかという相談をしたところ、「先生の話は、要するにアジャイル（機動性）とレジリエンス（回復力）ですね」とまとめてくれました。学校の先生方の働きにも、最少の人数で一定以上の成果を挙げ続けることが求められており、その点トヨタ自動車のリーン生産方式と似たところがあります。一方、最少の人数ゆえ、何かが起こるとそれをカバーできるバッファがありません。そこで、「そこにいる人たちが機動力をもってプランBを提案したり、ダメージを最小限に抑えたりして回復させようとする際、協力したり、多少間違ったり、失敗したりしてもよいので、できるだけよい状態にもって行くような先生を育てたい」という相談に対しての、教え子の言葉だったのです。

企業では、アジャイルできることやレジリエンスを重視していますが、それを発揮するためには、対象の構造を可視化することも大切とのことでした。

## 自動車工業のサプライチェーン

ところで、東日本大震災が起こった時に、東北地方にあった関連工場が被災して、部品が届かなくなり東北地方から離れた場所にある自動車工場でも生産が次々と止まりました。これと同様のことは、阪神・淡路大震災や新潟中越地震の時にも起こっています。一九七〇年代以降は、各地で交通網の整備が進み、太平洋沿岸部のみならず、首都圏や大阪大都市圏、さらに東北や九州などの内陸部に新しい工業地域が形成されました。高速道路沿いや空港付近に工業団地が整備され、自動車工業のような組立型工業の発展に伴って、部品工場が地方に分散したのです。こうした状況は、小中学校の教科書にも記載されています。しかし、東日本大震災の時に明らかになったのは、部品工場が完成車メーカーを頂点とするピラミッド構造になっていると思われていたものが、特定事業者が部品の供給を一手に

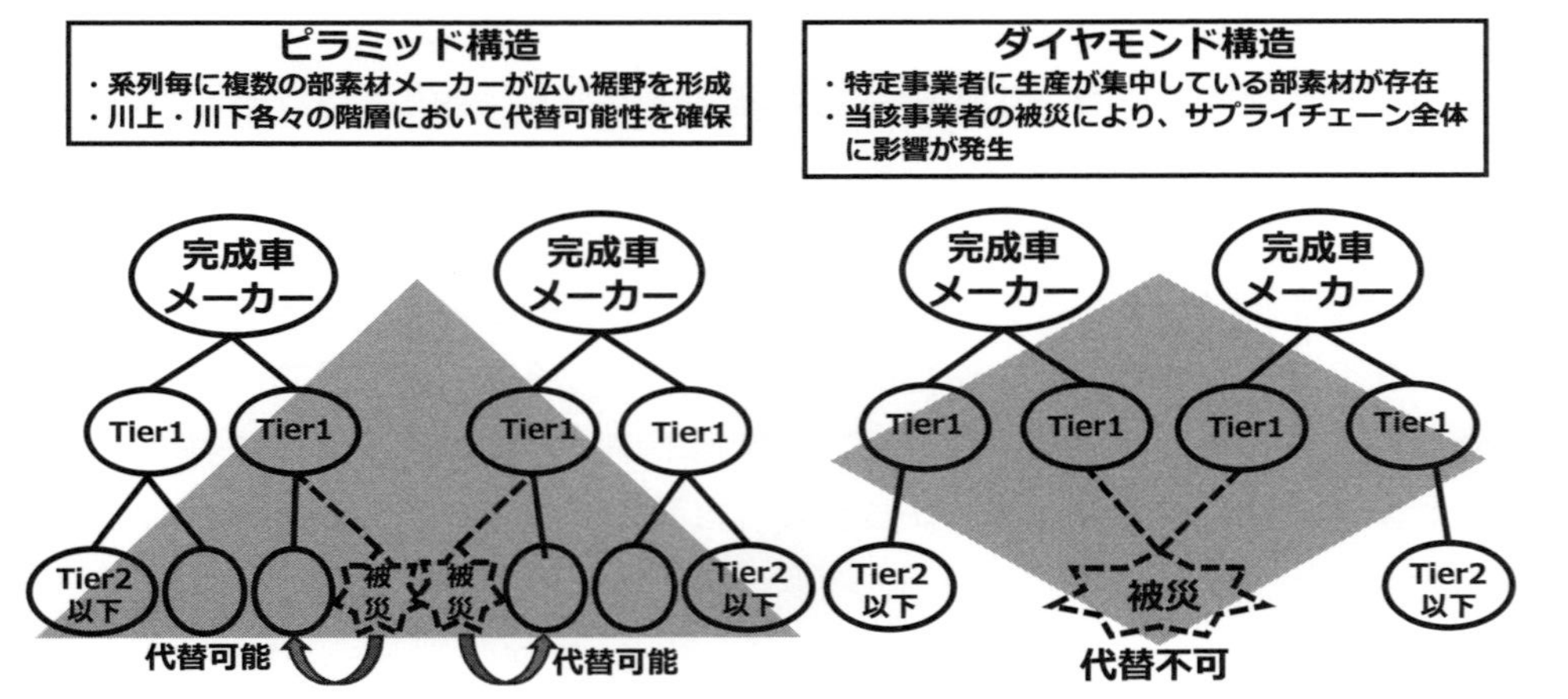


図５－２　自動車工業の構造
経済産業省『2011年版ものづくり白書』
図233－4

担うダイヤモンド構造になっていたことです（図5－2）。二次取引先以下では特定業者に集約化されており、代替が効きにくいのです。

東北や九州に部品工場が多いだけではなく、サプライチェーンの構造自体が変化していたことも影響が大きくなった要因だったようです。

## 構造を可視化して対策を考える

二〇二一年には、半導体不足で自動車メーカー各社が大幅な減産を余儀なくされました。これにはコロナ禍が関わっています。現在はマレーシアやベトナムなどの東南アジアが主要生産地ですが、感染拡大の影響が出て、代替拠点にも余剰生産能力がないのです。ところが、トヨタは他社に比べて今回の半導体不足の影響が出るのが遅かったのです。東日本大震災の影響を受け、トヨタ自動車ではすでに一〇年前に半導体の在庫の確保方針をカイゼンしたようです。リーン生産方式を見直すのですから柔軟ですね。

冒頭の話に戻りましょう。状況を改善するには、構造の可視化に加え、アジャイルとレジリエンスが必要なようですね。

# 7 一帯一路構想とアフリカ

イングランドの地理テキストブックで一帯一路はどのように扱われているでしょうか。

## 一帯一路構想のねらいは

イングランド中等地理テキストブック（KS3）のProgress in Geography（HODDER EDUCATION社、二〇一八年）を紹介しましょう。この本では、第一〇章アジアの八節で「中国は相互依存的な世界の構築に貢献しているのか」、そして、第一二章アフリカの八節で「中国はアフリカの発展に貢献したいのか」が設けられています。

アジアの章では、中国がBRICSの一つであることや、なぜ急速に経済成長したのかを学習するようになっています。見開き二ページ毎に設けられたアクティビティ（学習を進めるうえでのいくつかの問い）では、労働力供給、女性労働者割合の高さ、低賃金、天然資源、位置、貧困対策、インフラ投資、エネルギー供給、政治システムと強いリーダーシップという経済成長の要因を小グループでダイヤモンドランキングしたり、習近平国家主席の一帯一路構想とは何か、そして、その中国にとってのメリットをまとめさせたりしたうえで、「中国は、相互依存の世界の構築に貢献していると思いますか、それとも自国の経済を活性化させていると思いますか」という問いに答えさせます。中学生向けテキストとしては踏み込んだ問いかけですが、空間的相互依存作用という見方・考え方を使って、生徒自身の判断までを射程としており、とても社会科的だと思います。

## 中国とアフリカの関係

アフリカ単元では、エリトリアの分離独立によって内陸国となったエチオピアの首都アディスアベバと、ジブチ共和国の紅海沿いのジブチ市との間（約七五〇キロ）に中国支援で建設された鉄道について、そして、過去四半世紀におけるアフリカ諸国と中国との貿易額増加について学習します。

さらに、イングランドのテキストブックではよく見られる手法ですが、数名の異なる意見をもった人たちに各々の立場を表明させています。

アクティビティでは、大きく四つの問いかけがあります。①アディスアベバ・ジブチ鉄道のルートや内陸国エチオピアにとってのメリットなどについての知識の整理、②中国とアフリカ諸国との貿易額の推移を表したグラフから、なぜ中国がアフリカとの貿易を増やしたいのかをまとめさせます。また、③一〇章で学習した一帯一路構想の復習、最後に、④中国とアフリカの通商についての六人（後述する二人の他に、習近平中国国家主席、アブドゥライ・ワッド前セネガル大統領、アフリカのエコノミスト、エチオピアのジョブアドバイザー）の主張を、肯定的なものと否定的なものに分類させます。主張のうち以下の二つには問いが設定されています。「アフリカの天然資源を奪い、技術を移転せずに製造したものを売りつけるという、中国の新しい形の帝国主義に、アフリカは自らを開放しているのです。」（サヌシ・ラミド・アミヌ・サヌシ元ナイジェリア中央銀行総裁）については、「新しい帝国主義の形をあなたはどのように理解しているか、そして古い帝国主義とは何か」と問うています。また、「あなたの能力を高めることよりも、資源を引き出すことに興味をもっているドナーには注意が必要です。」（ヒラリー・クリントン元米国国務長官）については、「なぜこのような否定的な見方をするのでしょうか」と問いかけています。

## 見方・考え方を通した批判的思考

中国は、アフリカの開発と繁栄の達成支援をねらいとしているのか。中国とアフリカは相互のニーズを共有しており、協力による発展の機会を得たのか。それともこれは新しい帝国主義の形なのか。この章で学習したことや六人の主張をもとに生徒がディスカッションして検討するのです。このような、空間的相互依存作用に関する見方・考え方を通した批判的思考への学習が、深い学びへとつながるのではないでしょうか。

# 8 国際協力？ 国際競争？ ワクチン

ワクチン・ナショナリズム。ワクチン外交。国際協力との関係を考えてみましょう。

## ベルギー？

地理の授業で出てくるベルギーの基礎的な情報は、EUの主要機関がブリュッセルに立地するためEUの首都とも呼ばれることや、北部のフラマン語と南部のワロン語などでしょうか。日常生活でもベルギービールやベルギーチョコレートなど、ベルギー製品を好んでいらっしゃる方も多いと思います。

ところで、プールス（Puurs）という地名を聞いたことがあるでしょうか。首都ブリュッセルと港湾都市であるアントウェルペンの中間に位置しています。ブリュッセル空港、アントワープ港のどちらからも二五キロ程度です。

このプールスには、米国ファイザー社のワクチン製造拠点が立地しています。二〇二一年二月に、日本に初めて出荷されたファイザー社製のコロナワクチンもここからブリュッセル空港経由で日本にやってきました。日本の学校用地図帳にも載っていない町が一躍有名になったというわけです。ファイザー社の生産拠点と隣り合って、スイスの製薬大手ノバルティスも拠点を構えています。「プールスは、『ファーマ（医薬品）バレー』として成功モデルとなりつつある」（jiji.com 二〇二一年二月一四日）とも言われています。その他、アストラゼネカ社やジョンソン&ジョンソン社といった大手医薬品メーカーが、主要なワクチン製造拠点をベルギーに置いており、ベルギーが海外大手医薬品メーカーと上手く連携を図っていることがわかります。

## 国際競争と国際協力

高等学校学習指導要領では、国際協力について「世界各地で見られる地球環境問題、資源・エネルギー問題、人口・食料問題及び居住・都市問題などを基に、地球的課題の解決には持続可能な社会の実現を目指した各国の取組や国際協力が必要であることなどについて理解すること」としています。

一般的にワクチン開発には一〇～一五年かかると言われますが、Ｃｏｖｉｄ‐19のワクチンはわずか一年ほどで実用化されました。高所得国は資金をワクチン開発研究に投入しましたし、多くの国がワクチンの治験に参加することに同意しました。一方、豊かな国は、ワクチンが承認される前に発注し、競って手に入れたことも事実です。アメリカは二〇二一年五月まで国内生産ワクチンの輸出を許可しませんでした。ワクチン・ナショナリズムです。その間に、中国製やロシア製のワクチンが、アフリカ、中東、南米やアジアに販路を広げました。ワクチン外交です。

## 公平な分配

ワクチンを公平に分配する方法はあるでしょうか。現時点では、Ｃｏｖｉｄ‐19のワクチンを開発・生産できる国は限られています。ワクチン開発に巨額を投資したのだから、投資した国が優先的にワクチンを確保できるというのも一つの考え方です。一方、グローバル化した現在、世界中にワクチンが行き渡らないとパンデミックは治まらないでしょう。パンデミックが続けばウイルスの変異も起こり続けます。

ご存知のとおり、ＣＯＶＡＸという仕組みがあります。ＷＨＯが主導しています。そのため前政権でのアメリカはこの組織に参加していませんでした。

ＣＯＶＡＸでは、先進国がこの仕組みに出資し、ワクチンの開発・製造のための資金として活用します。そしてＣＯＶＡＸがワクチンを購入します。何十億回分ものワクチンを購入できるため、低価格で購入することが可能です。ワクチンはすべての国に平等に分配され、最も貧しい九二の国は無料で手に入れることができます。

仮に、豊かな国がワクチンの購入を急がず、代わりにＣＯＶＡＸに多くの資金を提供していたとします。そうすれば、世界はもっと早くウイルスから守られたでしょうか？

ＣＯＶＡＸのような仕組みが国際協力の一つのモデルになるでしょうか。議論してみてはいかがでしょうか。

# 第6章

# 地域を中心に

# 1 都市と郊外　生活が見える学習を

ユーミンこと松任谷由実さんがデビューしたのは一九七二年の夏。なんと二〇二二年で五〇周年なんですね。

## 中央自動車道でしょ？

大阪北部の田舎で中学時代を過ごした私は、「中央フリーウェイ」というユーミンの曲（荒井由実、一九七六年）がかっこよくてたまりませんでした。調布基地がどこにあるのかなんて全く知らない中学生には、地図帳で調布という地名や飛行場を探す程度で、そこに広がる景観は想像するしかなかったわけです。「山に向かって、黄昏がフロントグラスを染めるんだから西に向かっているんだろう」とか、「右に見える競馬場って？　ビール工場はどこ？」「まるで滑走路のようにのぼっていくのはどのあたりから？」と多分全国の人たちが同じことを考え、調べていたのではないかと思います。それがどこにあるのだろう（点）、どこにつながっているのだろう（線）、どう広がっているのだろう（面）という思考は、地図を読む時の基本です。

## 東京と言えば霞が関か後楽園

しかし、関西の中学生には残念ながら調布という地名は馴染みがありませんでした（ごめんなさい）。教科書に出てくるのは丸の内、大手町、霞が関、副都心の新宿、池袋、そして多摩ニュータウン、さらには野球中継で見る後楽園か神宮などに限られました。

それがいきなり調布です。多摩ニュータウンでもない、府中の東京競馬場（地図帳にも掲載されている）が右に、そして左はサントリー武蔵野ビール工場（さすがに地図帳には掲載されていない）など、この曲は、東京の都心から一気に多摩ニュータウンまで飛んでしまう関西の中学生のメンタルマップを、高速道路と周辺の景観描写を使って埋めてくれたわけです。これは、都心でも副都心でもない、「郊外」へのつながりを意識させる曲でした（因みに、高校一年の時にデビューしたサザンオールスターズは、湘南海岸を強くイメージさせてくれたため、小田原から鎌倉まで飛んでいた私のメンタルマップの隙間をきれいに埋めてくれました）。

## 郊外化

郊外化と、特に犯罪との関連については、宮台真司（宮台、二〇〇〇）、そして三浦展がそれぞれ論じており、特に三浦は、地方はいまや固有の地域性が消失し、大型ショッピングセンター、コンビニ、ファミレス、カラオケボックス、パチンコ店が立ち並ぶ全国一律の「ファスト風土」的大衆消費社会となった（三浦、二〇〇四）と指摘しています。均一化した郊外を批判した三浦の考えは一つの重要な指摘だと考えられます。

## 地理教育で扱う郊外

一方、中等地理教育で「郊外」を扱うのは、例えば、近畿地方の学習で、阪急電鉄の前身の鉄道会社が、都心のターミナルと郊外の住宅地を結んで開発した池田新市街（一九一〇年、翌年池田室町住宅と改称）や、阪神間の甲陽園、甲子園などの住宅地（いずれも西宮七園。一九三〇年頃までに開発）といった大正から昭和初期の事例、そして、高度成長期の千里や多摩をはじめとしたニュータウン開発、さらには都心の再開発でしょうか（ジブリ作品の「平成狸合戦ぽんぽこ」が開発阻止をテーマにしています）。鉄道会社はレールサイド戦略が基本です。一方、鉄道交通が脆弱な地域での郊外化は、ロードサイド戦略に適した業種が中心です。ロードサイド店舗は、都市問題を発生させる可能性があることが指摘されていますが、床面積を大きくすることなどのメリットもあります。今後一層高齢化が進み、人口が減少すると、ロードサイド店舗は持続可能でしょうか。

ユーミンが教えてくれた一九七〇年代の郊外と、今とはその景観も異なっています。それが今後どうなっていくのか予測する際、人々の生活が見える問いと題材を使って考えたいものです。

【引用文献】

三浦展（二〇〇四）『ファスト風土化する日本—郊外化とその病理』洋泉社（新書y）
宮台真司（二〇〇〇）『まぼろしの郊外—成熟社会を生きる若者たちの行方』朝日新聞社

2

# 聖なるもの？「スマートなるもの」？

お寺にお参りしたあと、境内の様子を思い出しつつ、いただいた御朱印の美しい文字を見るのが好きです。

## 聖なるものへの接近

西国三十三所観音霊場巡礼は、一三〇〇年以上の歴史があると言います。四国八十八箇所と同様、誰にでも開かれた巡礼です。日常の生活空間を離れ、聖なるものに接近しようとする巡礼ですが、それは同時に自分自身の内面に接近しようとしているのかもしれません。そういった思考や行動は人間的だと感じます。魅せられた場所との、そして、自分自身との対話もできます。

## ポケモンGOに歩かされる?

二〇一六年に、ポケモンGOがリリースされ、空前の人気となりました。専用機を必要とせず、スマートフォンのGPS機能を使用しながら移動することでポケットモンスターの捕獲・育成・交換・バトルをすることができるものです。また、AR(拡張現実)によって、自然界にいないはずのポケモンが、あたかも自然の中にいるかのような設定が人気を高めたとも考えられます。基本プレイは無料のため、課金しない範囲で楽しませてもらいました。

モンスターボールなどをゲットできるポケストップには、名所旧跡、また、自宅周辺にあるのに気づかなかった石碑や祠など、地域の新たな発見に結びつく例もあったと思います。リリース当初からは変化もありますが、大手飲食チェーンやコンビニなどの企業、また、観光振興のために積極的にポケモンGOを支持した自治体もありました。鳥取砂丘では、砂の移動を観測する杭がすべてポケストップになった(Ingress というARを用いたスマートフォン用オンライン位置情報ゲームでポータルとして登録されていたものが流用された)ため、リリース当初は多数の観光客が押し寄せました。鳥取県は、二〇一六年七月に「鳥取砂丘スナホ・ゲーム解放区宣言」をしています。

一方、学校や病院等、普段人々がむやみに立ち入ることのない、立ち入ってはいけない場所への立ち入りなどが問題になりました。国内では、広島平和記念公園や原爆ドームなどが、当初ポケストップやジムに設定されており、広島市がポケストップやジムを削除するよう要請したり、大学以外の学校もポケストップ等が削除されたりしています。また、外国でも追悼施設などからポケストップ等が削除されています。

## 歩かされ、記録され、管理される

ご承知の通り、ポケモンＧＯはユーザーの動きを時間・空間的につくり出しているだけでなく、動きを追跡して管理しています。ユーザーはゲームを楽しむということをとおして自己の行動データを差し出すことになるのです。街頭で見かける監視カメラだけでなく、インターネットにつながったＰＣでもタブレットでもスマートフォンでも、行動が記録され管理されているのです。

森（二〇一八）は、ポケモンＧＯを例に、「『スマートなるもの』は、デジタル技術によって『非人間』的に人間の動きを作り出す。特定の空間をコードでプログラムすることで、時間性と空間性が作られる。コード／空間は現実の空間が仮想的に管理されることを意味するのだ。そこではアルゴリズムがビック・データを解析しながら、自動的かつ自律的に振る舞う。そしてそれは日常の様々な場面であらゆるデータを集積しては組み合わせて、社会を確率化するのである。」と述べます。等間隔に設置された砂の移動を調査するための杭を、一本一本見て回る人はなかなかいなかったと思いますが、ポケモンGOによって、杭がポケストップに見えるのですから、そのような動きがつくり出され、記録され、さらに管理されるわけです。

こんな例は、探せば他にもあると思います。さて、何を使って探しますか？

【引用文献】

鳥取県（二〇一六）鳥取砂丘スナホ・ゲーム解放区宣言
〈URL〉https://www.pref.tottori.lg.jp/secure/1037887/kaihoukusengen.pdf
森正人（二〇一八）「スマートなるものと確率化される現実社会―人と物のデジタル的管理への批判的視角のために」『観光学評論』六―一、五三―六七頁

3

# 地域と私の関係　関係人口

観光客のような交流人口は地域の課題を解決してくれるのでしょうか。関係人口とはどういう概念でしょう。

## 長野県乗鞍高原での修学旅行

もう三〇年以上前のことになりますが、当時赴任した中学校では、長野県の乗鞍高原での修学旅行を行っており、確か五泊六日でクラス毎にずっと同じ宿に宿泊して、事前に生徒たちと考えた様々なプログラムを実施していました。そして、それは今も続いているようです。毎年四クラス一六〇人の生徒と教員や医師、看護師が帯同し、一週間も滞在すること、そして、前年の夏休みに下見を実施したり、修学旅行中には植林をしたり、現地の中学校との交流をしたりして、半世紀にわたって同じ場所と交流し続けているのです。修学旅行の先発隊として、毎年更新している乗鞍高原の自作地図を、挨拶かたがた乗鞍高原各地に配りに行ったことや、担任した学年の同窓会を乗鞍高原で何度か実施したこともあり、そのこともよい思い出です。退職してから二〇年ほど経ちますが、今も乗鞍高原が特別の場所です。

Iターンのように、乗鞍に移住してしまうわけではありません。そこまで人生をかけて取り組んでいるわけではありませんが、半世紀もの長い間、学校という組織が特定の地域と関係をもち続けることは、単なる交流の域を超えていると思うのです。農山漁村を、その地域外から支える人口は多様な形で存在します。近年の言葉では、定住人口でもなく、観光客のような交流人口でもない、関係人口という枠組になるのかもしれません。

## ボランティア元年

阪神・淡路大震災が起こった一九九五年はボランティア元年とも言われます。それまでボランティアとは無縁だった市民が災害ボランティアとして神戸に足を運んだことから、ボランティアのとらえ方が変わりました。一九九七年のナホトカ号重油流出事故でも、何度も清掃活動に参加する人がいました。また、新潟中越地震の後には、人的支援制度（復興支援員）ができたり、農山村で地域以外の人達に一緒に地域を使ってもらう工夫がなされたりして、復興の在り方が変わってきました。

東日本大震災では、ボランティアとして被災地に足を運び続ける人がいます。これも交流の域を超えています。ボランティアの中には、復旧のみならず被災地の復興を支援している場合も多く、地域の課題を解決するための仕事を担っていることにもなります。

##  関係人口

総務省（二〇一八）によると「関係人口」とは、移住した「定住人口」でもなく、観光に来た「交流人口」でもない、地域や地域の人々と多様に関わる者、です。それ以外にもいくつかの定義があるようですが、「観光等によって地域を訪れるだけではなく、地域に何らかの形で貢献・応援しようとする姿勢がある者」（岡山、二〇一九）のことのようです。

図は総務省（二〇一八）による関係人口のイメージです。農山村などの人口減少の著しい地域では、定住人口の増加は困難な場合が多いでしょう。その際、関係人口をどのように増やすのかという視点でのデザインが重要でしょうか。

「関係人口」のイメージ

「交流人口」
「関係人口」
「定住人口」
定住者
住民
(強)
(弱)
現状の地域との関わり
行き来する者
「風の人」
地域内にルーツがある者
(近居)
何らかの関わりがある者
(過去の勤務や居住、滞在等)
地域内にルーツがある者
(遠居)
より多様な人材が地域づくりに参画
ほとんど関わりがない者
(弱)
地域との関わりへの想い
(強)

図６－１　関係人口のイメージ（総務省2018）

【引用文献】
岡山信夫（二〇一九）「震災復興と関係人口」『農林金融』七二―三
総務省（二〇一八）「関係人口の創出に向けて」〈URL〉https://www.mlit.go.jp/common/001226948.pdf

4

# 人口から見たアジア

二〇二九年から人口減少が始まると予測されていた韓国。すでに人口は減少しているようです。

## 韓国は早くも人口減社会に

二〇二一年一月三日、韓国の行政安全省は、二〇二〇年末の人口が約五一八二万九千人となり、前年比で約二万人減ったと発表しました。政府の予想よりも九年早く人口減社会になったようです（朝日新聞一月五日朝刊）。

日本でも人口減社会であることは皆さんご存知のとおりです。しかし、韓国の人口減少をもう少し詳しく見てみると、日本とは異なる状況が見えてきます。なぜ韓国は人口減少が早まったのでしょう。

韓国の合計特殊出生率は、二〇一八年が〇・九八、二〇一九年には〇・九二と二年続で

1を下回りました。日本は二〇一九年が一・三六ですから、それに比べても極端に低いですね。韓国では、一九七〇年代からの「圧縮的近代化」といわれる短期間の経済発展の影響で教育や就職などの競争が激しくなり、大学進学や就職のため首都ソウルへの一極集中が進み、住宅価格も高騰して人々の負担になっています。こうした状況が先進国で最低水準の出生率の低下を招いたという説があります。一方で、韓国の極端な出生率低下は、東アジア地域の特徴という見方もあります。教育・職業・政治・福祉といった家族外の社会経済システムに関しては、東アジア諸国・地域は急激な変化を達成したものの、家族システムの変化は緩慢なため、社会経済システムと家族システムの乖離が大きくなり、出生力の低下も激甚なものになったという考え方です（鈴木二〇一九）。鈴木は、中国が韓国や台湾と同じ発展段階になれば、極端に低い出生率になると予測しています。

##  ジェンダーのアンバランス

人口の性比（男性人口÷女性人口から、国や地域の特徴が読み取れることもあります。一般に出生時は僅かに男性が多いのですが、男子の死亡率がやや高いため、性比はほぼ一〇〇に近づきます。先進国では、医療の充実で全体に長寿になっています。一般に女性が

長寿であることが知られています。先進国では医療の充実で、高齢の女性が多くなります。そのため先進国の性比は一〇〇を下回ることが多くなります。日本は二〇二〇年で約九五です。

それでは、次の人口ピラミッドはどこの国のものでしょうか（国連のデータを用いて埼玉大学谷謙二研究室・人口ピラミッド作成サイトで作成）。

この人口ピラミッドの特徴は、二〇代後半から三〇代後半の男性人口が非常に多いことです。ジェンダーが極端にアンバランスです。全体で見ても性比が約二二四と、男性が極端に多いことがわかります。

この人口ピラミッドはUAE（アラブ首長国連邦）のものです。周辺のバーレーン、オマーン、カタール、クウェート、そしてサウジアラビアも同じ傾向です。石油関連

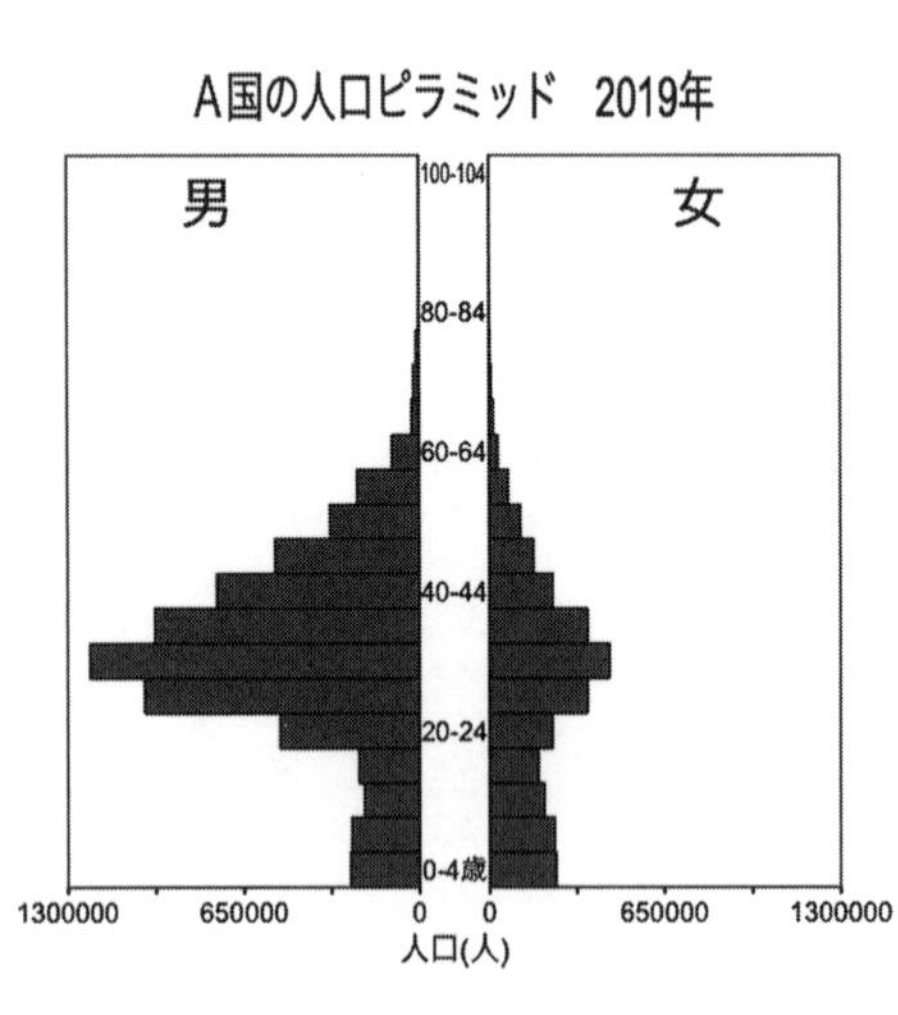


図6－2　A国（2019年）の人口ピラミッド

の男性外国人労働者が大量に入っていることが推測されます。どこから来ているのでしょう。西アジア地域の特色が見えてきます。

因みに、インドや中国でも男性人口超過が著しく、アジア全体で見ると一億人規模で男性が多いことになります。中東産油国とは異なる理由のようです。ヨーロッパではわずかに女性が多く、男性超過はアジア特有の現象です。

世界人口の六割がアジアで暮らしています。それぞれの国の人口データを見てみると、他国とのつながりや地域の特色が見えてきます。

【引用文献】

鈴木透（二〇一九）「東アジアの人口問題とその起源」『人口問題研究』七五―四、二八七頁

5

# バーチャルフィールドワークで地図作成

Google Earth や Google マップのストリートビュー機能で、バーチャルフィールドワークした経験はありますか？　見るだけではなく、見たものを元に「つくる」フィールドワークもちょっとした工夫でできますよ。

## ドイツでの経験

二〇一二年夏、ドイツのケルンで地理オリンピックの世界大会が開催されました。翌年の京都大会運営のためオブザーバーとして参加し、通常は選手以外参加できないワークショップに特別に参加させてもらいました。そのワークショップはアナログなバーチャルフィールドワークでした。アレンジして教員免許更新講習で五年続けて実践しました。環境が整えば Google マップ等のストリートビューを使ってデジタル化も可能です。準備物は、作業の指示書（図6－3）、対象地域の白地図（二五〇〇分の一程度、建物番号記入）（図6－4）、写真（調査対象地域店舗外観、地図の番号と対応）（図6－5）、色鉛筆、メモ用紙、付箋などです。

## 主題図をつくる

調査対象地域の「主題図」をつくります。主題図とは、特定のテーマに基づいてつくられた地図です。例えば、お店の種類、バリアフリーなどテーマは何でもよいです。地域改善という大きな学習テーマがあれば、土地利用というテーマの主題図が役立ちそうです。主題図＝凡例をつくる作業です。お店の種類だと、飲食店、雑貨店のようなものです。できれば、飲食店というカテゴリーの下位、つまり洋食、和食、高級、手ごろなどのサブカテゴリーまでつくるとよいです。昭和レトロな建物が並ぶ神戸市乙仲通で実践しました。

## しっかりと指示を

作業はシンプルで、写真（図6－5）やストリートビューを見ながら、約一時間で、番号のついたお店の写真をいくつかのカテゴリーに分け（図6－6）、凡例をつくります。

ワークショップ指示書

1　これから，この地域の空間構造の特徴がわかる地図を作成します。このワークショップでは，どのような凡例を作成するとわかりやすい地図ができるのかを考えます。封筒の中には，以下のものが入っています。

・写真（黒い番号のものと赤い番号のものがあります。同じ番号が付いた写真は同じ位置の写真を意味します。）

・地図（神戸市乙仲通の地図（５枚)。１万分の１　三宮の一部（４枚)。）

2　以下の事柄を４人のグループで議論しながら行います。

①　黒い番号の付いた写真を見ながら，いくつかのカテゴリーを作成して，それぞれの凡例を考えます。色分けをしても良いし，記号をつけても良いでしょう。いくつくらいに分ければ良いのかも含めて考えましょう。なお，地図の１～55の番号は写真の番号と対応しています。

②　赤い番号の写真は，黒い番号の写真と同じ位置の建物等に近づいて撮ったものです。これらの写真は，サブカテゴリーをつくるために役立つかもしれません。

③　地図の右下に，作成した凡例を整理して描き込み，地図にも着色をするなどしてください。

④　なぜそのような凡例を作成したのか，説明できるようにしてください。

図６－３　ワークショップ指示書の例

図６－４　主題図のベースマップ

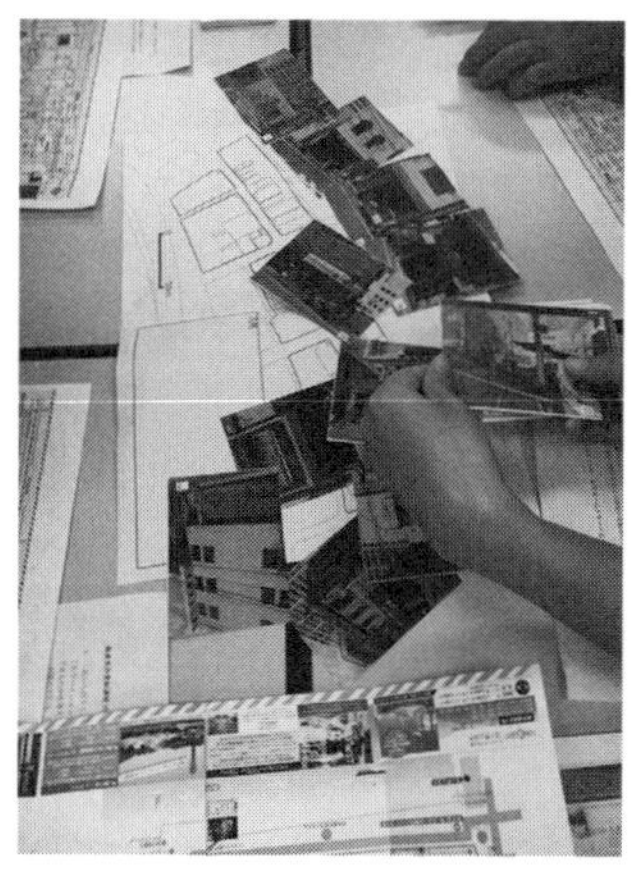

図6－6　みんなで写真を分類

図6－5　昭和レトロな建物の洋品店の写真
（地図の29番）これをどの凡例に含めるか？

なぜそんな凡例を設定したのか説明できるようにしておくことが大切です。お店を外観写真から分類する作業は、唯一の正解を導き出すものではありません。視点によって答えは何通りも考えられます。凡例をつくる＝地図をつくる、それも自分で考えた分類の仕方に基づいて何かを主張することは、思考力・判断力・表現力を伴う活動になります。実際のフィールドワークの予備調査としても活用できそうです。

# 6 リアルフィールドワークでマップメイキング

地図を読む授業はよく行われていると思いますが、つくる授業も行われるとよいですね。

## なぜフィールドワークをしない？

フィールドワークは地理の学習にはなくてはならないものですが、学校現場での実施はかなり低調なようです。時間がとれないとか、適切な観察対象がないとか、交通事故が心配だとか、そして感染症の予防にも気を遣う必要があります。理由は様々ですが、低調なのは優先順位が低いということでしょうか。残念です。でも、ちょっとした工夫でできるのではないでしょうか。

## 夜間大学院の授業に行く途中

兵庫教育大学の神戸キャンパスに、夜間大学院の授業で出かけることがありました。神戸高速鉄道高速神戸駅から、JR神戸駅の下を通る「デュオこうべ」という地下街は、山の手と浜の手に分かれており、それぞれの佇まいがずいぶん違うのです。高速神戸駅から神戸駅まで続く山の手は、懐かしい商店街風、一方浜の手は広々とした空間をもつおしゃれな空間で、地下商店街を歩いて、海辺のキャンパスまで一〇分ほどの道のりです。

あ！　ここでフィールドワークをやれば天気を気にすることもないし、真夏でも真冬でも暑くも寒くもない。車も通らない。キャンパスから歩いて3分。言うことなし！　教員免許更新講習をここでやろう！　地下街を経営する会社でフィールドワークの許可を申請。これは大切な手続きです。一回目は何が目的ですか？　と聞かれたものの、二年目以降はほぼフリーパスになりました。因みに、地理オリンピックの三次選抜もここで実施したことがあります。

## マップメイキング

今回のフィールドワークでは、①店舗調査に基づく地図作成、②地図と周辺の情報をもとに、課題の発見と改善策の提案、を行います。

社会科で地図を使う授業を行う際には、ほとんどがマップリーディングだと思いますが、今回は自分だけの地図をつくるマップメイキングです。

まず、地下街の地図を入手してトレースし、白地図（図6－7）を作成します。地域の商店街なら、電子国土基本図や住宅地図から白地図を作成することも可能でしょう。そして、ここからが本番のフィールドワークです。約一時間、山の手または浜の手を観察します。最初に全体を概観して、テーマを決めます。観察内容を整理して、どのような凡例をつくって、どのような地図を描けば、自分の伝えたいことが伝えられるのかを考えます。車椅子で入れるかどうかという視点から、バリアフリーになっている店とそうでない店を分ける人もいます。自分がつくりたい地図のために必要な情報をフィールドワークで観察し、記録しなければなりません。地図だけではなく集計用紙か野帳（フィールドノート）をもって観察するとよいですね。今回は地下街ですが、地上ならば、一階と二階に異なる店舗が入っているような商店街もあるでしょう。表現に工夫が必要ですね。今回想定している授業でつくる地図（主題図）には、決まった正解はありません。各自が表現したいことを上手く表現できているかが重要な点です。前述の通り、どんなカテゴリーをつくるのかというところにオリジナリティーが出ます。フィールドに行きたいですね。

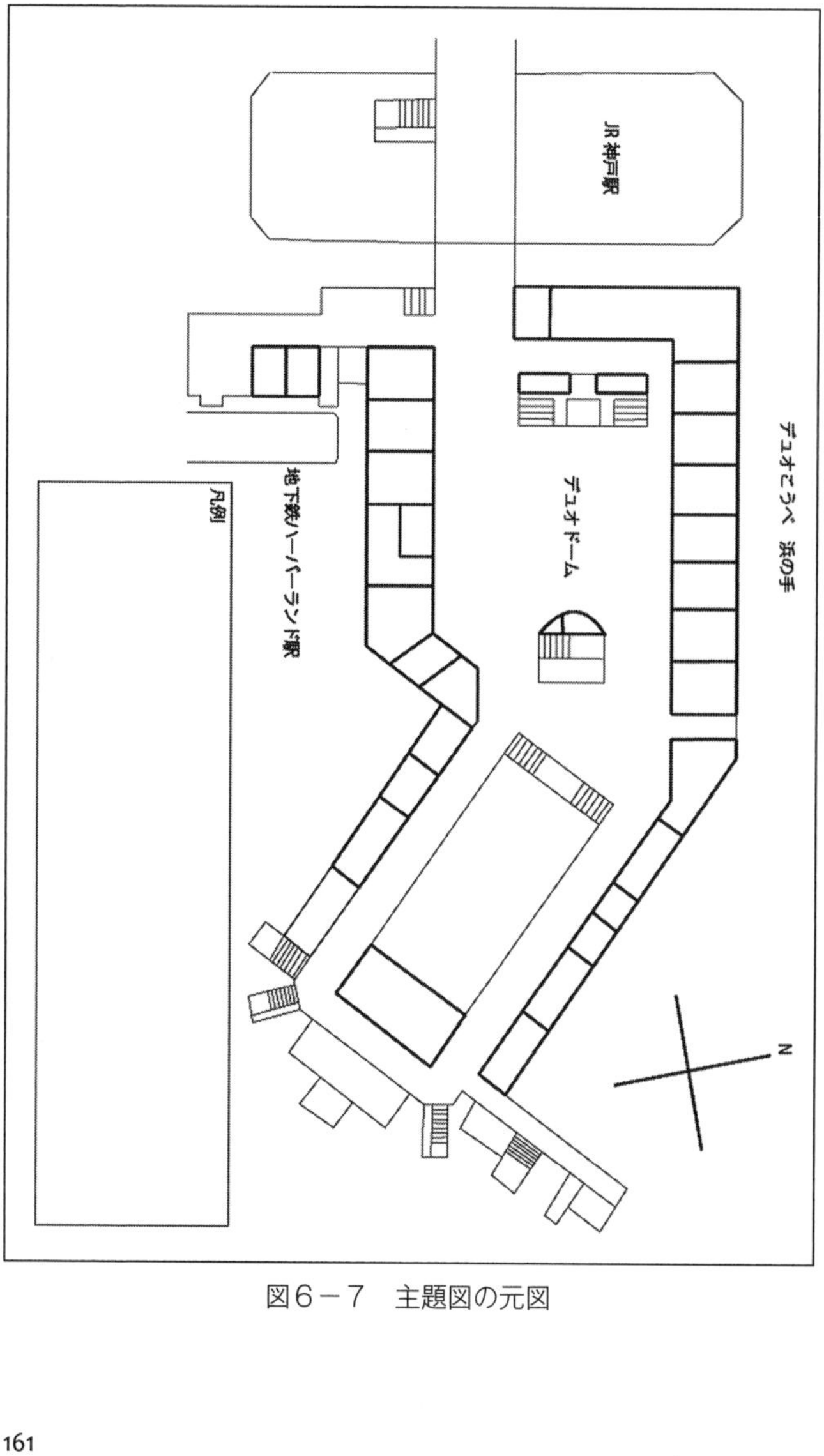

図6－7　主題図の元図

7

# 地域の在り方について意思決定する

国際地理オリンピックのフィールドワークテストでは、意思決定の問題が必ず出題されます。

## 何度も「構想」する

二〇一三年の夏、京都で行われた第一〇回国際地理オリンピックは、準備に二年以上を費やした、とても思い出深い大会です。この大会のフィールドワークテスト（ＦＷＴ：現在はフィールドワークエクササイズＦＷＥと呼んでいます）は京都市伏見区で実施されました。

地理オリンピックのＦＷＴは、徐々に枠組みが変わってはいるものの、大きくは地図作成と意思決定の二つから構成されています。

日本の社会科の時間は、地図を読むことに最も時間をかけており、もしかすると中学校の社会科地理的分野では地図を描くことがほとんど行われていないかもしれません。まして、地図を他の資料（縮尺の異なる地図を含む）と組み合わせて読み込み、これからの地域づくりなどに関する意思決定をするようなこと、つまり、学習指導要領でいう「構想」に当たる学習は、地理的分野の最終段階に設定されているだけです。これは歴史的分野でも同じです。中学校地理的分野では、何度も「構想」して、その構想のよさを徐々に高める構成になっていません。因みに、公民的分野では、八つの内容のまとまりのうち四つで構想が出てきます。

## 常に「構想」できるように

これだけ世の中の変化が激しく、かつ不確実な中では、構想したものをつくり替えながらよくしていくことがより重要になります。例えば、防災・減災の分野では、「事前復興」という概念があります。被災してから復興を考えるのではなく、日頃から考えておくのです。当然、地域の人口動態等を踏まえ、復興の姿は度々見直しされます。

## 「構想」を主題図で表現する

一　洪水被害を抑えるため、流域の治水の方策を述べよ。
条件一　インフラ整備のハード面三点、社会的側面のソフト面三点を、地点を特定した上でリスト化すること。
条件二　そのリストについて自分の考えを文章やグラフで説明すること。
二　持続可能な地域を目指すための方策を述べよ。
条件一　水資源と観光の観点を含め、二〇三五年の伏見を展望すること。
条件二　その方策を端的に表せる主題図を作成し、適切な凡例を付けること。

図６－８　地理オリンピック京都大会ＦＷＴの意思決定問題（筆者訳）

京都大会では次の意思決定の問題（図６－８）が出題されました。参加選手は伏見がフィールドとわかった時点で、伏見（図６－９）の現状や課題を一生懸命調べます。また、大会テーマであった「都市と水」に関する講義や、資料パックも参照します。

この問題に先だって、地図作成の問題が出題されており、実際のフィールドワークに基づいて、伏見区の京阪中書島駅から東高瀬川、三栖地域の地形や宇治川派流等の観察、さらに南浜地域の土地利用を地図化しています。

自分で歩いて見た伏見のまちの様子、それに基づく土地利用図等の作成から、

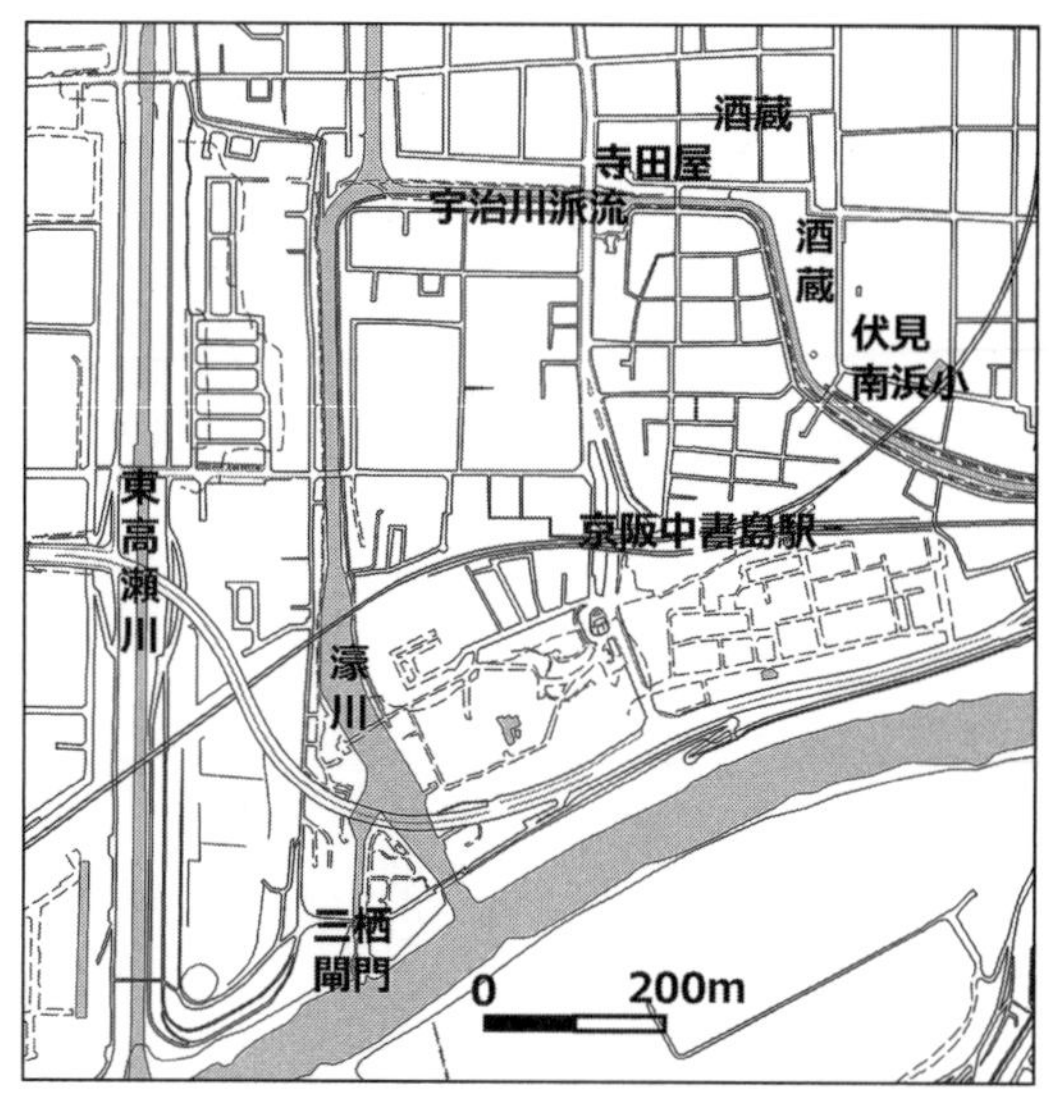


図6－9　京都市伏見区中書島周辺（ＦＷＴ実施地域）国土地理院基盤地図情報を加工して作成

治水の方策、そして約二〇年後という時期を設定して、持続可能な地域づくりの方策を述べます。例えば、京都からのアクセスに舟運を利用すること、豊かな水や酒蔵を観光資源として利用することを提案し、それらを魅力的な主題図に表現するために効果的な凡例を設定するのです。これを授業として実施するならば、何度か主題図の試作品をつくりつつ、構想を膨らませることになるでしょう。

# あとがき

本書では、地理的な見方・考え方を働かせながら、地理の授業がどのようにデザインできるかを考えてきました。地理的な見方・考え方を働かせて、一見地理的とは思えない事象を、地理的側面から説明したり、解釈したりして、さらにはこれからどうすればよいのかを考える手がかりを得ることができればよいなと思いながら、様々な例に触れてきたつもりです。

時代はまさにＶＵＣＡです。社会的な事象を地理的に見たり考えたりするだけでは、これからどうすればよいのかということについて、しっかり判断することはできないでしょう。そして、一旦判断したとしてもそれをすぐに修正しつつ、前に進まなければならないでしょう。そのように思って前に進んでくれる子どもに育ってくれるようにという思いも少し込めて、本書をつくったつもりです。

最後になりましたが、本書を作成するにあたり明治図書出版株式会社の及川誠様には大変お世話になりました。『社会科教育』で連載をもたせてもらえることなど、夢にも思っていなかったのですが、二〇二〇年度から三年間にわたって「地理大好きな子どもを育てる！見方・考え方を鍛える地理授業デザイン」という連載をもたせていただけたことは、本当に嬉しいことでした。さらには、この連載については毎回本当に好きなことを、半ば無計画に書かせていただいたのですが、このような原稿の書き方をさせてくださったことにとても感謝しています。連載では、地理を専門としない方に向けて、できるだけ軽いタッチでリズムよく書くことを心がけました。このような原稿を『社会科教育』誌に掲載し続けてくださった及川さんにはとても感謝しております。

本書は、この連載原稿をまとめ直したものです。地理的な見方・考え方を働かせて、社会的な事象を地理的な側面から見ることが多面的に事象を見る第一歩になるように、そして、地理的な見方・考え方を働かせて深く事象を考察できる授業づくりのお役に立つことができれば幸いです。

二〇二三年八月

吉水裕也

## 初出一覧

本書の内容は、『教育科学社会科教育』（明治図書）二〇二〇年四月号〜二〇二三年三月号に連載された、「地理大好きな子どもを育てる！見方・考え方を鍛える地理授業デザイン（全三六回）」の内容に加除修正を行ったものです。

### 第一章　地理的な見方・考え方とは

吉水裕也（二〇二二）「地理的な見方・考え方とは」『教育科学社会科教育』五九巻四号、通巻七五六

吉水裕也（二〇二二）「地理的な見方・考え方を働かせるとは」『教育科学社会科教育』五九巻五号、通巻七五七

吉水裕也（二〇二三）「地図を描くときの目」『教育科学社会科教育』六〇巻二号、通巻七六六

吉水裕也（二〇二三）「没入か、導入か、それとも」『教育科学社会科教育』六〇巻三号、通巻七六六

七

## 第二章　位置や分布を中心に

吉水裕也（二〇二〇）「地球儀・地形模型からGISへ（位置、場所）」『教育科学社会科教育』五七巻四号、通巻七三二

吉水裕也（二〇二〇）「時差の計算？　なぜその標準時を設定しているのかを考えよう（位置、空間的相互依存作用、地域）」『教育科学社会科教育』五七巻一二号、通巻七四〇

吉水裕也（二〇二三）「どこに空港をつくるか？（位置、地人相関）」『教育科学社会科教育』六〇巻一号、通巻七六五

吉水裕也（二〇二一）「アフリカの国境（地域、空間的相互依存作用）」『教育科学社会科教育』五八巻五号、通巻七四五

## 第三章　場所を中心に

吉水裕也（二〇二二）「キエフ？　キーウ？（場所）」『教育科学社会科教育』五九巻六号、通巻七五八

吉水裕也（二〇二〇）「繰り返し犯罪が起こる「場所」、起こりにくい「場所」（場所）」『教育科学社会科教育』五七巻九号、通巻七三七

吉水裕也（二〇二一）「住宅供給は効率優先？（場所、空間相互依存作用）」『教育科学社会科教育』五八巻六号、通巻七四六

吉水裕也（二〇二一）「空間の履歴を読む（景観）」『教育科学社会科教育』五八巻七号、通巻七四七

吉水裕也（二〇二二）「豪華な地下宮殿（景観）」『教育科学社会科教育』五九巻七号、通巻七五九

吉水裕也（二〇二一）「デトロイトは自動車の街？（景観、場所、空間的相互依存作用）」『教育科学社会科教育』五八巻九号、通巻七四九

吉水裕也（二〇二一）「鉱山　点から線へ（位置・分布、空間的相互依存作用）」『教育科学社会科教育』五八巻一二号、通巻七五二

## 第四章　人間と自然環境との相互依存関係を中心に

吉水裕也（二〇二一）「場所の環境の履歴書をつくりましょう（場所、地人相関）」『教育科学社会科教育』五八巻二号、通巻七四二

吉水裕也（二〇二〇）「瀬戸内地域にため池が多いのはなぜ？（スケール）」『教育科学社会科教育』五七巻六号、通巻七三四

吉水裕也（二〇二二）「湧水と人々の暮らし（地人相関）」『教育科学社会科教育』五九巻一〇号、通巻七六二

吉水裕也（二〇二二）「川か滝か？　流量変化の大きい日本の河川（地人相関）」『教育科学社会科教育』五九巻一一号、通巻七六三

吉水裕也（二〇二〇）「エベレストの登山シーズンはいつ？（地人相関）」『教育科学社会科教育』五七巻五号、通巻七三三

吉水裕也（二〇二一）「アメリカの農業（位置、地域）」『教育科学社会科教育』五八巻八号、通巻七四八

## 第五章　空間的相互依存作用を中心に

吉水裕也（二〇二〇）「感染症の拡大と地理教育（分布、空間的相互依存作用）」『教育科学社会科教育』五七巻七号、通巻七三五

吉水裕也（二〇二〇）「オリンピックをここで？なぜそこで？次はどこで？（地域）」『教育科学社

会科教育』五七巻八号、通巻七三六
吉水裕也（二〇二〇）「海か湖か？　それは政治が決めるんです……（空間的相互依存作用）」『教育科学社会科教育』五七巻一〇号、通巻七三八
吉水裕也（二〇二〇）「グローカリゼーション（空間的相互依存関係）」『教育科学社会科教育』五七巻一一号、通巻七三九
吉水裕也（二〇二一）「ライン、グリッド、ハブ＆スポーク、そして？（空間的相互依存作用）」『教育科学社会科教育』五八巻一号、通巻七四一
吉水裕也（二〇二二）「サプライチェーンの可視化に加えて？（空間的相互依存作用）」『教育科学社会科教育』五九巻一号、通巻七五三
吉水裕也（二〇二一）「一帯一路構想とアフリカ（空間的相互依存作用）」『教育科学社会科教育』五八巻一〇号、通巻七五〇
吉水裕也（二〇二一）「国際競争？国際協力？（位置、空間的相互依存作用）」『教育科学社会科教育』五八巻一一号、通巻七五一

## 第六章　地域を中心に

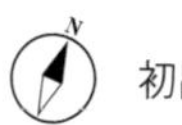

# 初出一覧

吉水裕也（二〇二二）「都市と郊外　生活が見える学習を（景観、空間的相互依存作用）」『教育科学社会科教育』五九巻八号、通巻七六〇

吉水裕也（二〇二二）「聖なるもの？「スマートなるもの」？（場所）」『教育科学社会科教育』五九巻一二号、通巻七六四

吉水裕也（二〇二二）「地域と私の関係　関係人口（空間的相互依存関係）」『教育科学社会科教育』五九巻九号、通巻七六一

吉水裕也（二〇二一）「人口からみたアジア（地域、空間的相互依存作用）」『教育科学社会科教育』五八巻四号、通巻七四四

吉水裕也（二〇二一）「バーチャルフィールドワークで地図作成（景観、場所、地域）」『教育科学社会科教育』五八巻三号、通巻七四三

吉水裕也（二〇二二）「リアルフィールドワークでマップメイキング（位置・分布、地域）」『教育科学社会科教育』五九巻二号、通巻七五四

吉水裕也（二〇二二）「地域の在り方について意思決定する（地域）」『教育科学社会科教育』五九巻三号、通巻七五五

**【著者紹介】**

吉水　裕也（よしみず　ひろや）

1962年５月，大阪府生まれ。兵庫教育大学理事（副学長）。兵庫教育大学大学院学校教育研究科教授，兵庫教育大学大学院連合学校教育学研究科教授。専門は社会科教育，地理教育。

主な著書に，『教室ディベートの新時代５　ディベートで変わる社会科授業』（単著），『中学校社会サポートBOOKS　本当は地理が苦手な先生のための　中学社会　地理的分野の授業デザイン＆実践モデル』（編著），『新３観点の学習評価を位置づけた中学校地理授業プラン』（編著），『中学校社会サポートBOOKS　PBL的社会科単元構成による中学地理の授業デザイン』（編著）（いずれも明治図書）。

主な論文に，「問題発見能力を育成する中学校社会科地理授業の設計―単元「日本の工業立地」の開発―」（社会科研究57），「地理的スケールの概念を用いたマルチ・スケール地理授業の開発―中学校社会科地理的分野「身近な地域の調査『高知市春野地区』」を題材に―」（新地理59－１）など。

地理的な見方・考え方を働かせた
地理授業デザイン

2023年９月初版第１刷刊　©著　者　吉　水　裕　也
発行者　藤　原　光　政
発行所　明治図書出版株式会社
http://www.meijitosho.co.jp
（企画）及川　誠（校正）杉浦佐和子・吉田　茜
〒114-0023　東京都北区滝野川7-46-1
振替00160-5-151318　電話03(5907)6703
ご注文窓口　電話03(5907)6668

＊検印省略　組版所　中　央　美　版



Printed in Japan　ISBN978-4-18-361711-8